Schöne Weihnachten!

Drewes, Svenja (Hrsg.):
Schöne Weihnachten – Lieblingsgeschichten für Groß und Klein
ISBN 978 3 522 18511 0

Gesamtgestaltung: Katja Gehrmann
Einbandtypografie: Doris Grüniger
Innentypografie: Bettina Wahl
Reproduktion: Schwabenrepro, Stuttgart
Druck und Bindung: Livonia Print, Riga

© 2018 Thienemann in der Thienemann-Esslinger Verlag GmbH, Stuttgart.
Neuauflage, erstmals erschienen 2016

Michael Ende, Otfried Preußler,
Oliver Scherz u.v.a.

Schöne Weihnachten!

Lieblingsgeschichten für Groß und Klein

Mit Bildern von Katja Gehrmann

Thienemann

Inhalt

Oliver Scherz

Warum tut der Nikolaus
so heimlich?

Wenn keine Blätter mehr an den Bäumen sind, fängt die beste Zeit an. Dann kommen die Süßigkeiten und Geschenke. Erst hab ich Geburtstag und danach ist zweimal Weihnachten, einmal in der Kita und einmal zu Hause.

Zwischen Geburtstag und Weihnachten kommt auch noch der Nikolaus vorbei. Und zwar heute! Die ganze Zeit warte ich schon auf ihn. Getroffen hat ihn noch niemand. Ich versteh nicht, warum er immer so heimlich tut. Ich weiß ja, dass es ihn gibt!

Vielleicht hat er eine dicke Nase mit Pickeln wie unser Nachbar. Der will auch nie, dass man ihn sieht. Wenn ich ihn auf der Straße treffe, dreht er sich jedes Mal weg. Und seine Vorhänge sind dauernd zu.

Deshalb habe ich dem Nikolaus einen Brief geschrieben. Mein Bruder Alex hat mir dabei geholfen.

Lieber Nikolaus!
Mir ist egal, dass du eine dicke Nase hast wie unser Nachbar. Ich will, dass du mir Hallo sagst und mich weckst. Du findest mich oben in meinem Zimmer im Bett. Bis gleich!
    Dein Ben.

Herr Sowa hat auch schon Kribbeln im Bauch. Herr Sowa ist meine Schildkröte. Ich habe ihn gerade erst freigekauft, zum Geburtstag, aus der Zoohandlung. Er ist jetzt schon mein bester Freund.

Herr Sowa hat den größten Schuh vor der Tür stehen. Das finde ich richtig, weil er der Kleinste ist. Außerdem teile ich später sowieso alles mit ihm.

Nur Mama und Papa haben keinen einzigen Schuh draußen. Obwohl meine Mutter die besten Nikolaus-Stiefel von uns allen hat. Die gehen ihr bis zu den Knien.

»Der arme Nikolaus hat schon genug zu tun«, hat sie gesagt.

Darum habe ich ihm auch noch eine Tasse Tee gemacht und einen Teller mit Keksen dazugestellt.

Jetzt liege ich im Bett und warte. Beim Warten habe ich noch mehr Gedanken im Kopf als sonst schon. Vielleicht kann der Nikolaus genauso wenig lesen wie ich. Und wenn er doch lesen kann, aber den Brief erst auf dem Nachhauseweg aufmacht? Im Brief steht auch gar nicht, in welchem Zimmer ich genau liege. Vielleicht verläuft sich der Nikolaus zu Alex, und ich steh dumm da.

Als im Flur längst kein Licht mehr brennt, bin ich immer noch wach und dreh mich hin und her. Sogar meine Eltern sind schon im Bett. »Komm, wir schauen kurz mal nach …«, flüstere ich Herrn Sowa irgendwann zu und nehme ihn aus seinem Glashaus.

Wir schleichen zusammen die Treppe runter und durchs Wohnzimmer. Die Haustür mache ich ganz vorsichtig auf: Alles sieht aus wie vorhin. Auf dem Teller liegen immer noch die vier Kekse neben der Teetasse, der Brief ist zu und die Schuhe sind leer. Der Nikolaus war zum Glück noch nicht da.

Herr Sowa und ich gucken uns an. Zurück ins Bett können wir nicht. Wir müssen hier auf den Nikolaus warten. Weil er ja vielleicht nicht den Weg zu unserem Zimmer findet.

Ich laufe in die Küche und schiebe einen Stuhl bis zur offenen Haustür. Dann mummele ich mich in die Sofadecke ein und Herrn Sowa in meinen Schal.

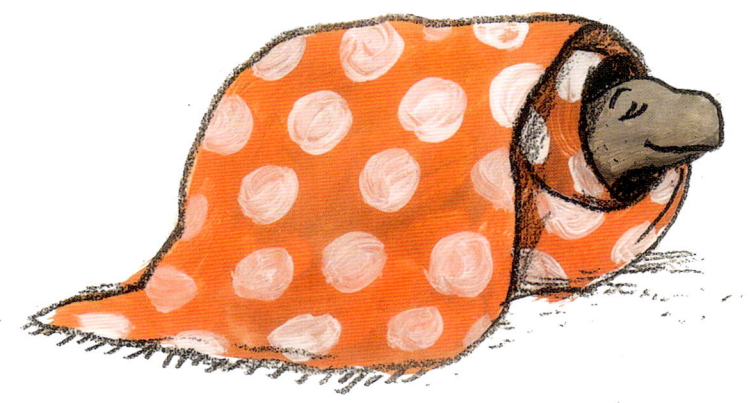

Draußen ist es ziemlich kalt. Wenn ich der Nikolaus wäre, würde ich so schnell wie möglich zu uns rein wollen. Ich hol mir noch zwei Decken und Herrn Sowa einen zweiten Schal. Dann nehme ich ihn auf meinen Schoß und wir warten.

Mit Alex' Fernrohr suche ich den Garten ab. Aber nirgendwo guckt eine dicke Nase hinter den Baumstämmen hervor. Und am Himmel fliegt nur ein Flugzeug.

Den ganzen Abend hab ich das Fernrohr schon bei mir und schaue immer wieder in den Himmel.

»Vielleicht kommt der Nikolaus gar nicht mit 'nem Schlitten«, sage ich zu Herrn Sowa. »Und auch nicht von oben, sondern von unten.«

Also passe ich jetzt auch noch auf den Gulli hinterm Gartentor auf. Aber nichts bewegt sich.

Vom Fernrohrgucken wird man ganz schön müde. Und unter meinen drei Decken ist es wärmer als oben in meinem Bett. Obwohl es anfängt zu schneien. Direkt vor uns.

»Ich mach nur kurz mal die Augen zu«, sage ich zu Herrn Sowa. Damit ich gleich wieder besser aufpassen kann. »Wenn sich was bewegt, zwickst du mich, ja?!« Ich halte meinen kleinen Finger direkt vor Herrn Sowas Mund. Dann blinzele ich noch mal rüber zu den Keksen und dem Brief …

Als ich aufwache, liege ich in meinem Bett! Das kapier ich überhaupt nicht! Herr Sowa hockt neben mir in seinem Glashaus und schläft.

»HERR SOWA!«, rufe ich. »WAS IST PASSIERT?! DU SOLLTEST DOCH DIE AUGEN AUFHALTEN!!«

Ich rase aus dem Zimmer, die Treppen runter und reiße die Haustür auf: Der Tee ist ausgetrunken und von den Keksen sind nur Krümel übrig. Der Briefumschlag ist offen und die Schuhe sind voller Süßigkeiten.

»NIKOLAUS!«, schreie ich und renne raus in den Schnee. »NIKOLAUS?!« Ich wetze einmal ums Haus.

Dann glitsche ich mit meinen nackten Füßen wieder rein, direkt in die

Küche. Da ist schon Licht und mein Vater schlürft seinen Kaffee am Tisch. Früher als mein Vater ist nie jemand wach.

»PAPA!! Der Nikolaus hat mich nicht geweckt! Dabei stand das doch im Brief!!«

Mein Vater trinkt weiter seinen Kaffee, als ob das alles nicht schlimm wäre!

»Hm …«, brummt er nur. »Vielleicht hat er ja eine Nachricht für dich auf dem Briefumschlag hinterlassen.«

Ich renne wieder vor die Haustür. Es stimmt wirklich! Auf dem Briefumschlag steht hinten was drauf!

Schon bin ich wieder in der Küche, und mein Vater muss es mir vorlesen.

Lieber Benjamin, ich wollte Dich nicht wecken, auch wenn
Du so lieb auf mich gewartet hast.
Ich habe mir erlaubt, Dich wieder in Dein Bett zu tragen.
Und ich habe Dir auch einen dicken Nikolaus-Kuss auf
Deine Stirn gedrückt. Du bist ein toller Junge.
Vielleicht sehen wir uns ja im nächsten Jahr.
Jetzt muss ich aber weiter. Vielen Dank für die Kekse
und den Tee. Lecker!

Dein Nikolaus.

Ich fasse mir sofort an die Stirn. Wenigstens ein Kuss, ein echter Nikolaus-Kuss!

Trotzdem bin ich richtig wütend. Er sollte mich doch wecken! Wieso tut er es dann nicht? Und über Herrn Sowa ärgere ich mich auch. Weil er einfach eingeschlafen ist, statt mir in den Finger zu beißen.

Erst als ich alle Süßigkeiten aus meinem Schuh gegessen habe, werde ich etwas ruhiger.

Nächstes Jahr entwischt er mir nicht, beschließe ich und lutsche auf dem letzten Stück vom Schokonikolaus rum. Vielleicht baue ich ihm eine Falle, aus einem Riesenkarton. Dann schau ich mir den Nikolaus ganz genau an. Auch seine dicke Nase, wenn er eine hat.

Eines weiß ich jetzt schon. Er kommt wirklich von oben aus dem Himmel, nicht von unten aus dem Gulli. Weil er überhaupt keine Fußstapfen in den Schnee gemacht hat!

Edith Schreiber-Wicke

Happy End im Advent

1. Dezember

»Ich hasse Weihnachten!« Guido, der Mensch, der meine Futterdosen öffnet, wirft mir einen Blick zu, als wäre ich Rudolf das Rentier persönlich. Und nicht ein harmloser Kater, der nun wirklich nichts dafür kann, dass Weihnachten ist.

Es ist also wieder einmal so weit. Er wird nach Hause kommen und schlechte Laune haben. Weihnachtsdekorationen und Weihnachtslieder haben diese Wirkung auf ihn. Leider. Schlecht gelaunte Menschen sind nämlich unzuverlässige Dosenöffner.

Unsere Wohnhöhle ist selbstverständlich frei von allem, was ihn an das kommende Fest erinnert. Was nicht ganz einfach ist, weil sämtliche Lärm- und Bildkästen geradezu überquellen von ho-ho-ho-rufenden Weihnachtsmännern und Oh-Tannenbaum-singenden Kinderchören.

Ich sollte hier vielleicht erwähnen, dass ich den Menschen, mit dem ich mein Leben teile, grundsätzlich gern mag. Er ist freundlich, fröhlich, zuverlässig. Nur zwischen dem 1. und 24. Dezember ist er einfach nicht mehr derselbe.

Selbstverständlich kenne ich den Grund dafür. Wir sind lange genug beisammen.

Aber darüber will ich hier nichts sagen. Ich bin der verschwiegenste Kater weit und breit.

2. Dezember

Er macht schon wieder sein Weihnachtsgesicht. Ich höre genau, was er vor sich hin murmelt: »Noch volle 22 Tage Advent. Der Erste, der mir Frohe Weihnachten wünscht, wird erwürgt.«

Leere Versprechungen. Ich habe noch nie gesehen, dass er jemanden würgt.

»Außerdem ist die Nachbarwohnung wieder vermietet«, grummelt er. »Hoffentlich zieht da niemand mit Kindern ein. Ich brauche meine Ruhe.«

Dem kann ich nur zustimmen. Kinder sind grässlich. Sie machen Krach, sind unberechenbar und haben keine Ahnung davon, wie unsereiner behandelt werden will. Sie haben keinen Respekt vor unserem Schlafbedürfnis, halten uns für Spielzeug und vertragen nicht den kleinsten Kratzer, wenn man sie mit zarter Krallenanwendung zurechtweist.

Das liegt vermutlich daran, dass Menschen als Erzieher für ihre Jungen völlig ungeeignet sind. Entweder sie lassen die Kleinen tun, was sie wollen, das ist schon schrecklich genug. Oder sie brüllen bei jeder Gelegenheit mit ihnen und produzieren so tückische kleine Monster, die ihre Wut an Schwächeren auslassen.

Okay, okay – ich weiß, es gibt Ausnahmen, aber die bestätigen ja bekanntlich die Regel.

3. Dezember

»Noch 21 Tage Advent«, sagt er grimmig.

So langsam finde ich: er übertreibt.

Weihnachten könnte ganz nett sein, wenn die Menschen ein paar meiner Anregungen berücksichtigen würden. Da wären mal die glitzernden bunten

Bälle, die überhaupt nicht hüpfen können, wenn man sie vom Baum holt. Nicht nur das, sie zerscherbeln sogar. Kann man nicht Gummibälle nehmen? Das wäre viel praktischer. Dann die Sache mit dem Nadelbaum. Keine Ahnung, warum die Menschen denken, das Ding würde irgendwann am Fußboden anwachsen. Als Kratzbaum ist er jedenfalls ungeeignet, besonders für einen Kater meines Kalibers. Hab ich alles ausreichend getestet. Ich bin der weihnachtserfahrenste Kater weit und breit. Auch die Annahme, dass die Silberfäden gut für meine Verdauung sein könnten, hat sich nicht bestätigt. Ganz im Gegenteil. Wenn man schon das Bedürfnis hat, so einen angeschleppten Baum zu schmücken – warum dann nicht mit glitzernden Sardinen – bitte schön? Die sind außerordentlich dekorativ. Oder mit Mäusen? Dem festlichen Anlass entsprechend können es ja weiße sein! Auch hübsch gestreifte Speckstücke und silberne Rollmöpse würden mir gut gefallen.

Dazu kommt noch die weihnachtliche Unsitte, mithilfe von brennenden Kerzen ein gemütliches Zuhause in eine tödliche Gefahrenzone zu verwandeln. Hat unsereiner etwa Augen am Schwanz? Na eben!

4. Dezember

»Noch 20 Tage!«, seufzt er. Offenbar führt er einen umgekehrten Adventskalender. Während andere Menschen sich jeden Tag ein bisschen mehr auf Weihnachten freuen, wird er jeden Tag ein bisschen brummiger.

Er steht am Fenster und schaut hinaus. »Wer immer da nebenan einzieht, er ist eindeutig farbenblind«, berichtet er mir. »Ich habe selten so viele bunte, nicht zusammenpassende Sachen gesehen, wie das Zeug, das die Möbelpacker da abgeladen haben.«

Ich hätte ihn gern gefragt, inwiefern uns das zu stören hat, aber leider ist Guido ein langsamer Lerner und versteht unsere Sprache noch immer kaum. Gedankenlesen geht mittlerweile schon ein bisschen besser. »Kann uns eigentlich egal sein«, sagt er folgerichtig.

Außerdem ist für Guido alles unerträglich, was nicht weiß oder schwarz ist. Der Gute hat nämlich einen Schwarz-Weiß-Tick. Das bedeutet, dass in unserer Wohnhöhle ausschließlich weiße und schwarze Dinge stehen. Ich tu ja alles Katzenmögliche, um dieses eintönige Bild durch meine schönen roten Haare ein wenig aufzumischen. Aber man kann schließlich nicht überall sein.

5. Dezember

Wieso jemand mit einem Schwarz-Weiß-Tick bei einem roten Kater wohnt, und nicht bei einem schwarz-weiß gefleckten? Manche seiner Besucher fragen ihn das. Dann erzählt er die Geschichte, wie wir zusammenfanden. Seine Version. Dass ich ein magerer, ungepflegter Streuner war und so lange immer wieder vor seiner Tür saß, bis er wusste, dass ich zu ihm gehörte. Die Wahrheit sieht natürlich ganz anders aus. Ich war ein freier unabhängiger Kater mit einem Revier, das sieben Gärten, eine Pizzeria und ein griechisches Restaurant umfasste.

Warum ich das alles aufgab? Was soll ich sagen? An der Art, wie Guido aufblühte, wenn ich ihn besuchte, merkte ich, dass er mich brauchte. Außerdem war er ohne mich allen frechen Nagern gegenüber völlig wehrlos. Zwei Mäuse hatten sich in seinem Schuhschrank eingenistet und ein Siebenschläfer in der Vorratskammer.

Ich gab meine Freiheit auf und adoptierte Guido. Aus purer Gutmütigkeit. Habe ich das schon erwähnt? Ich bin der edelste Kater weit und breit.

Die Gedanken wirbeln durch meinen Kopf wie die Schneeflocken, die langsam all die bunten Möbel der neuen Nachbarn weiß färben.

6. Dezember

Meine erste Bekanntschaft mit Schnee liegt schon länger zurück und war enttäuschend. Ich erinnere mich noch genau an diesen Morgen: Aufwachen und sofort merken, dass etwas anders ist. Das Licht! Es strahlte von einer weißen Substanz aus, die sich über die Welt gelegt hatte. Waren es etwa vom Himmel

19

gefallene Wolken? Oder noch besser: Schlagsahne? In solchen Mengen? Frohnatur, die ich bin, entschied ich mich für die nahrhafte Variante, und sprang mitten hinein ins Weiß. Brrrrr!

Mittlerweile bin ich der winterschlaueste Kater weit und breit, und meide den direkten Kontakt mit dieser unerfreulich kalten Sache. Aber von drinnen, vom warmen Zimmer aus den Flockenwirbel zu betrachten, das finde ich ganz in Ordnung.

Er steht neben mir und hat natürlich wieder sein Adventsgesicht aufgesetzt. »Die Straßen werden voll mit grauem Matsch sein«, sagt er. »Und hirnlose Autofahrer mit Sommerreifen unterwegs. Süßer die Hupen nie klingen.«

Hmm. Das Lied kannte ich noch nicht. Aber mir ist ja der Text von Weihnachtsliedern überhaupt schwer verständlich. »Oh Tannenbaum, oh Tannenbaum, wie treu sind deine Blätter« zum Beispiel. Hat eine Tanne vielleicht Blätter? Und was genau erheitert diesen Baum? »Du grinst nicht nur zur Sommerszeit, nein, auch im Winter, wenn es schneit.«

Während ich noch über diese Frage nachgrüble, bleibt ein Auto vor unserem Haus stehen.

Eine Frau steigt aus. Guido gibt ein beifälliges Geräusch von sich. Allerdings bleibt es ihm in der Kehle stecken wie eine im Ganzen verspeiste Sardine. Und ich sehe auch, warum. Aus dem Auto quellen noch zwei weitere Fahrgäste: Ein ziemlich kurzes Kind und ein schwarzer Hund.

7. Dezember

»Ist dir klar, was das bedeutet?«, fragt Guido, mein Dosenöffner, in einem Ton, als wäre soeben Dracula mit Klein-Frankenstein an der Hand und King Kong an der Leine aus dem Auto gestiegen.

Ich gebe zu, ich bin auch nicht begeistert. Aber er übertreibt mal wieder. Er sieht eben derzeit alles durch die düstere tannengrüne Weihnachtsbrille. Ich schicke ihm ein paar meiner besten Trostgedanken. Ein Kind in der Nachbarwohnung ist problemlos durch mehrere Sicherheitsschlösser an der Tür fernzuhalten. Und das Schlappohr ... Sollte es mir irgendwo in die Quere kommen, so werde ich wissen, wie mit ihm umzugehen ist. Ich bin der beste Hundekenner weit und breit. Ich weiß, dass diese Kerle alles falsch machen: Sie schlagen mit dem Schwanz, wenn sie sich freuen und nennen es wedeln. Sie schnurren, wenn sie wütend sind und nennen es knurren. Sie regen sich wegen jeder Kleinigkeit auf und lassen es alle Welt hören. Sie hinterlassen ihre Kacke auf dem Gehsteig, statt dafür zu sorgen, dass derartig verräterische Signale unauffindbar sind. Von der Peinlichkeit dieser öffentlichen Darbietung mal ganz abgesehen. Sie liefern sich ihren Dosenöffnern auf Gedeih und Verderb aus. Schlimmer noch: Sie nehmen deren Eigenheiten an. Daher sehen Menschen im Lauf der Zeit ihren Hunden immer ähnlicher. Oder Hunde ihren Menschen. Das weiß keiner so genau. Aber dass es so ist, ist eine Tatsache. Kann man leicht nachprüfen.

8. Dezember

»Die schlimmste Variante«, sagt Guido. »Kind UND Hund in unserer Nachbarwohnung!«

Schön langsam finde ich seine Verzweiflung ein wenig lächerlich. Immerhin scheint das kurze Wesen kein Baby mehr zu sein, das nachts die ganze Zeit herumbrüllt. Und von dem schwarzen Schlappohr haben wir noch keinen Laut zu hören bekommen.

Ich frage mich, was der Weihnachtsmann für einen Hund hätte, wenn er einen hätte. Mit Rauschebart und Zipfelmütze? Aber nach allem, was die Bildkästen zeigen, hat er ja bloß seine albernen Rentiere, von denen eines noch dazu ein auffallend hässliches Riechorgan hat. Aufgrund von Schneeschnupfen vermutlich.

Ich muss ein wenig gegrinst haben beim Gedanken an den Weihnachtshund, denn Guido grummelt: »Findest du das auch noch lustig?«

Frau, Kind und Hund verschwinden soeben samt einer Unmenge von tragbaren Behältern im Haustor.

Ehrlich gesagt: Ja. Irgendwie finde ich es lustig.

9. Dezember

Bereits am nächsten Tag machen wir nähere Bekanntschaft mit den zweifüßigen neuen Nachbarn.

Es klingelt. Mein Dosenöffner unterbricht die verdienstvolle Tätigkeit des Dosenöffnens und geht zur Tür. Ich folge mit etwas Abstand.

Draußen stehen die beiden aus dem Auto. Ohne Hund. Die Frau hält einen Becher in der Hand. »Hi«, sagt sie. »Noch nicht der Weihnachtsmann. Auch nicht Dasher und Dancer«. Sie lächelt.

Guido starrt die beiden bloß an.

»Nur die neuen Nachbarn.« Ihr Lächeln verschwindet langsam. Na ja, kein Wunder bei Guidos Weihnachtsgesicht.

»Wer sind Dasher und Dancer?«, fragt Guido.

»Zwei der Rentiere, die den Schlitten ziehen«, sagt sie.

»Aha«, sagt er mit seiner Raureif-Stimme.

»Das hier ist meine Tochter Sarah und ich bin Tina. Alissa haben wir zu Hause gelassen, die fürchtet sich vor Menschen, die sie nicht kennt.«

Jetzt sag schon was, die muss uns ja für bescheuert halten.

»Sehr erfreut«, bringt Guido schließlich hervor. Das sagen Menschen immer. Auch wenn sie gar nicht erfreut sind.

»Ich hab Punsch gemacht«, sagt Tina. »Weil doch bald Weihnachten ist.«

Das Wort »Weihnachten« hätte sie besser nicht erwähnt. Guidos Gesicht verfinstert sich. »In 15 Tagen«, knurrt er. Aber den Becher nimmt er trotzdem.

Das Kind schaut mich an. Ich fahre schon mal probeweise die Krallen aus und wieder ein, aus und wieder ein. Ich nenne das Kindersicherung. Sicher sein, dass die Krallen bereit sind, wenn ein Kind in der Nähe ist.

»So ein schöner Kater«, sagt das Kind namens Sarah mit leiser Stimme.

Mmm. Hochgradig schlaue Bemerkung für ein Kind. Es gibt ja auch brauchbare Exemplare unter den Kurzmenschen. Vielleicht gehört diese Sarah dazu.

10. Dezember

»Noch volle 14 Tage «, verkündet Guido mürrisch.

Ich antworte nicht, weil ich eben einen sehr interessanten Wachtraum verfolge, der irgendwie mit in Schokolade getunkten Mäusen zu tun hat, die vor mir davonlaufen.

»Muss in die Stadt«, teilt mir Guido mit. »Leider. Dort herrscht der absolute Weihnachtswahnsinn.«

Ich antworte noch immer nicht, weil ich knapp davor bin, eine der fliehenden Mäuse zu erwischen.

Dann kommt der Schrei. Eindeutig von Guido.

Hm. Ich kann es an sich nicht leiden, wenn man mich aus Wachträumen holt, aber Neugierde und Besorgnis überwiegen. Ich lasse die Schoko-Maus entkommen und schau nach, was es gibt. Guido steht in der Tür zum Treppenhaus und schaut erbost zur Lichtquelle hoch. Da oben schaukeln rote Papierrentiere zusammen mit Christbaumkugeln und einer Glocke, die sich im Luftzug bewegt und unermüdlich bimmelt.

Nett. Irgendwie. Finde ich.

»Was hat dieses alberne Zeug in unserem Haus zu suchen?«, fragt er laut.

Die Tür gegenüber geht auf. »Was wollen Sie?«, fragt Tina kampflustig.

»Das Treppenhaus ist kein privater Spielplatz. Ich möchte, dass dieser – äh – Weihnachtskitsch da verschwindet«, sagt Guido.

Dann steht plötzlich die kleine Sarah neben Tina in der Tür. Die großen, sehr blauen Augen füllen sich langsam mit Flüssigkeit. Gleich laufen sie über, denke ich.

11. Dezember

Er hat sich dann ganz schnell entschuldigt. Und der so genannte Weihnachtskitsch darf bleiben. Aber bissige Wörter kann man nicht ungesagt machen. Und Tränen fließen nicht zurück. Ich bin der seelenkundigste Kater weit und breit. Jetzt irrt er ziellos durch die schwarz-weiße Wohnung und denkt nicht daran, mich zu füttern!

Er kocht Kaffee, schüttet mehrere Tassen des braunen Zeugs in sich rein, setzt sich an sein Gerät mit den Tasten, steht wieder auf, geht zum Fenster, wieder zurück zum Schreibtisch, stolpert mehrfach über mich, flucht laut, macht noch mehr Kaffee und setzt sich wieder an das Ding, mit dem er Wörter aneinanderreiht. Dreimal hebt er mich von den Tasten mit den seltsamen Zeichen darauf und stellt mich auf den Boden. Noch immer kapiert er nicht!

Aber ich bin der erfindungsreichste Kater weit und breit. Ich suche mir einen Stapel beschriebener Papiere aus und teste eines nach dem anderen auf seine Flugtauglichkeit.

»Jetzt begreift er endlich. »Max, du bist kein Kater«, sagt er. »Du bist eine Katastrophe.«

Ich habe nicht gewusst, dass man den Begriff »Kater« steigern kann. Wo wir doch an sich schon das Größte sind. Aber das Wort empfinde ich als schmeichelhaft.

Immerhin geht er nun endlich in die Küche, um eine Dose für mich zu öffnen.

12. Dezember

Ich sitze am Fensterbrett, ordne meine Gedanken und warte auf Guido.

Ein Auto hält. Guido steigt aus, will zur Haustür. Bleibt plötzlich stehen. Ich folge seinem Blick. Öh. Ein Nadelbaum auf vier Füßen. Zwei davon sehr kleine Füße. Ein schwarzer Hund läuft nebenher. Also ist nicht schwer zu erraten, wem die Füße gehören. Ich erwarte, dass Guido seinen Schritt beschleunigt, fluchtartig im Haus und anschließend in der Wohnung verschwindet. Dass er versuchen wird, jeden Kontakt mit diesem nadeligen Weihnachtssymbol zu vermeiden. Das Wort »Christbaum« spricht er ja aus, als wäre es eine ansteckende Krankheit. Seit der Sache damals.

Guido überrascht mich. Er macht kehrt und geht dem vierfüßigen Nadelbaum entgegen. Das Schlappohr versteckt sich sofort ängstlich zwischen den Zweigen, die auf dem Boden schleifen. Was jetzt folgt, ist höchst komisch anzusehen. Mein Guido ächzend und stöhnend unter dem Gewicht des Baumes. Der ist nämlich eine Art grüner Riese – so groß wie sie manchmal auf öffentlichen Plätzen stehen.

Dann sind sie im Haus und nicht mehr zu sehen. Aber zu hören.

»Wir hätten doch den kleineren Christbaum nehmen sollen.« Tina.

»Der war aber der schönste!« Sarah.

Winseln. Der Angsthund.

Stöhnen. Eindeutig mein Guido.

Dann wieder Tina: »Haben Sie Ihren schon?«

»Meinen – was?« Guido begreift manchmal langsam.

»Christbaum. Nur noch zwölf Tage bis …«

»Ich – nein – äh – Max und ich feiern Weihnachten nicht.«

»Ach so. Hätte ich mir denken können. Vielen Dank jedenfalls.«

»Gern geschehen.«

Dann ist Guido bei mir, krault mich und riecht nach Tannennadeln.

13. Dezember

»Noch ganze elf Tage!«, murrt Guido. Er nervt.

Es klingelt.

Guido mit seinem Adventsgesicht geht zur Tür. Da steht sie. Tina. Diesmal hält sie ein Buch in der Hand. Ohne weitere Einleitung beginnt sie zu lesen:

Glitzerfäden,
fein zu fangen, auch zu fressen?
Weiß nicht recht,
mir wird schlecht.
Bunter Ball an Silberschnur, hängt am Baum,
bleibt er dort?
Glaub ich kaum.
Kann er hüpfen?
Kann er nicht,
rollt ein Stück und zerbricht.

Kletterbaum mit grünen Nadeln,
Stern im Wipfel nickt noch sacht,
bin jetzt müde,
Stille Nacht.

Tina klappt das Buch zu. »Das haben Sie geschrieben«, sagt sie.

»Stimmt«, nickt Guido. »Vor langer Zeit.«

»Damals haben Sie und Max jedenfalls noch Weihnachten gefeiert«, stellt Tina fest.

»Richtig.« Guido kann unglaublich störrisch sein. Merkt er denn nicht, dass er Tina gut leiden kann?

»Es ist ein sehr hübsches Gedicht.«

»Danke.«

Das ist alles, was ihm dazu einfällt?

»Na dann. Schönen Tag noch.« Tina verschwindet hinter ihrer Wohnungstür.

»Ihnen auch«, sagt Guido zum leeren Treppenhaus.

Er sieht meinen Blick und schüttelt den Kopf. »Nie wieder«, sagt er. Und meint die Sache, die damals passiert ist.

So ein Quatsch. Das wäre ja, als würde ich nie wieder eine Maus fressen, bloß weil ich einmal eine unverdauliche erwischt habe!

14. Dezember

»Weißt du was, Max«, sagt er, »ich habe das Gefühl, man müsste diese Leute, die nebenan eingezogen sind, zu uns einladen.«

Aha, er begreift endlich.

»Aus reiner Höflichkeit natürlich.«

Er begreift doch nichts.

»Sie ist Tierärztin, diese neue Nachbarin, das könnte uns schon mal gelegen kommen.«

Wieso gelegen kommen? Ich bin der gesündeste Kater weit und breit. »Andererseits: Du magst keine Kinder, keine Hunde, keine Tierärzte. Das Ganze steht unter keinem guten Vorzeichen.«

Wofür braucht er jetzt einen Vorwand? Um sie einzuladen oder nicht einzuladen?

»Wir lassen das Schicksal entscheiden«, sagt er.

Wen entscheiden?

»Ich drehe jetzt das Radio auf. Wenn was Weihnachtliches kommt, dann laden wir sie nicht ein.«

Mann – wir haben Advent! Zehn Tage noch bis Weihnachten! Die Chance auf NICHTS Weihnachtliches ist ebenso groß wie die Wahrscheinlichkeit, dass Sarahs Schneemann im Garten den nächsten August erlebt.

Er dreht an dem Knopf.

» ... Freuet Euch, Christkind kommt bald«, jubelt ein Chor.

»Ich hab's immerhin probiert«, sagt er.

Ich schicke ihm meinen allerbesten »Du-bist-wohl-nicht-ganz-dicht-Blick«.

15. Dezember

Es ist nicht mehr mit anzusehen. Offenbar gefällt ihm die Frau von nebenan, aber er kapiert es nicht. Und er will sichtlich nie wieder eine Maus fressen wegen der einen verdorbenen. Bildlich gesprochen natürlich. Wegen der Sache, die damals passiert ist.

Hat er nicht erwähnt, dass diese Tina Tierärztin ist? Ich beschließe, ein Notfall zu werden.

Zunächst lege ich mich bäuchlings aufs Sofa und stöhne.

»Weil du auch immer so schnell frisst«, rügt er. Nicht ganz die erhoffte Wirkung.

Ich stöhne lauter. Ich bin der begabteste Stöhner weit und breit. Guido springt auf. »Max, geht's dir nicht gut?«

Schon besser. Ich verdrehe etwas die Augen.

»Max! Was ist los? Max!!!!!«

Schon besser. Ich bin nicht nur schön, ich bin auch ein begnadeter Schauspieler. Ich bin der George Clooney unter den Katern. »Ganz ruhig, Max, ich hol Hilfe. Die Tierärztin von nebenan, sie ist gerade vorhin nach Hause gekommen.« Schon ist er weg, um sie zu holen.

Sie fummelt ein wenig an mir rum. »Hm«, macht sie. »Ich glaube nicht, dass es was Ernstes ist. Aber wenn Sie morgen mit ihm in die Praxis kommen, kann ich ihn genauer untersuchen.«

Was – ich soll dorthin, wo es so unangenehm riecht und man einmal jährlich Nadeln in mich bohrt?

Ich setze mich empört auf.

»Sieht aus, als ginge es ihm schon besser«, lächelt sie.

16. Dezember

Obwohl wir uns noch mitten im Advent befinden, neun Tage vor Weihnachten, um genau zu sein, beginnt dieser Tag ausgesprochen freundlich.

Die Sonne kämpft sich durch den Nebel und trocknet den Schneematsch auf den Straßen.

Guido öffnet eine meiner Lieblingsdosen. Zarte Lammhäppchen mit Karotten.

Er summt ein Lied. Nein, natürlich kein Weihnachtslied, das wäre zu viel verlangt, aber immerhin schaut er ausnahmsweise nicht drein, als wäre soeben ein Weihnachtsmann mit dreckigen Stiefeln über seinen weißen Teppich gelatscht.

Diese deutlich verbesserte Stimmungslage ist ganz klar mein Verdienst, wie ich in aller Bescheidenheit vermerken darf.

Als gestern Tina da war, hat er sich doch tatsächlich aufgerafft.

»Hätten Sie vielleicht Lust, in diesen Tagen einmal zu uns zu kommen? Tochter und Hund sind natürlich auch willkommen.«

Tinas Antwort kam nicht sofort. Dann sagte sie: »Kann ich Weihnachtskekse mitbringen oder legen sich die auf Ihr Gemüt? Halten Sie gebackene Sterne und Tannenbäume aus?«

»Mit Schokoglasur schon«, sagte er.

Ist er nicht witzig, mein Guido?

17. Dezember

»Ich weiß nicht«, sagt Guido, »ich glaub, ich hab einen Fehler gemacht.«

Einen? Ich könnte ein Buch schreiben über all die Fehler, die er im Lauf unseres Zusammenseins gemacht hat.

Was genau meint er jetzt? Hat er vergessen, meine Lieblingshäppchen einzulagern? Noch keinen Gedanken an unser festliches Weihnachtsmenü verschwendet? Ist er noch immer nicht draufgekommen, was ich mir zu Weihnachten wünsche?

»Ich hätte sie nicht einladen sollen.«

Fast wäre ich vom Fensterbrett gekippt. Das darf doch nicht wahr sein! Ich bringe mit List, Tücke und Erfindungsreichtum seine verworrenen Gefühle in Ordnung. Und er will alles wieder absagen?

Also ICH bin bereit für eine neue Beziehung. Und das Schlappohr ist zwar keine Katze, aber vielleicht doch als Spielgefährte brauchbar. Ich finde, unser

Leben ist ein wenig eintönig geworden, seit die Sache mit Angelina damals passiert ist.

Ups! Darüber wollte ich eigentlich nichts sagen.

Aber vielleicht sollte ich es doch tun?

Nur damit man Guido ein bisschen besser versteht?

18. Dezember

Also die Sache war die: Nach einigen Jahren trauter Zweisamkeit mit mir, brachte er eine Frau mit nach Hause. Sie hatte rote Haare, roch angenehm und hörte auf den Namen Angelina. Das kommt aus dem Italienischen und heißt übersetzt Engelchen. Jaja, ich bin der sprachkundigste Kater weit und breit.

Engelchen war einen Sommer lang bei uns, einen Herbst und während der Adventszeit. Mit der Temperatur kühlte auch die Stimmung zwischen den beiden ab. Aber das merkte offenbar nur ich.

Dann stand der geschmückte Baum im schwarz-weißen Wohnzimmer, der Truthahn im Backrohr schickte angenehme Duftsignale, aus dem Lärmkasten quoll »Stille Nacht«.

Guido kam bester Laune aus der Stadt zurück. Er öffnete eine Flasche mit so einer Blubbersache drin und wartete auf Angelina. Ich wusste natürlich, dass sie die Wohnung ein paar Stunden zuvor mit ihrem Koffer verlassen hatte. Er wartete und wartete. Schließlich entdeckte er den Brief, der von einem Tannenzweig baumelte.

Ich weiß nicht, was drinstand. Aber seither kann er Weihnachten nicht leiden.

19. Dezember

»Fünf Tage noch«, teilt er mir wenig überraschend beim Frühstück mit. »Dann normalisiert sich das Leben wieder.«

Bis nächste Weihnachten, denke ich.

»Soll ich heute Nachmittag Tee kochen oder Punsch? Schinkenbrote richten? Aber vielleicht sind die beiden Vegetarier. Es gibt immer mehr Leute, die kein Fleisch essen. Was meinst du, Max, was soll ich einkaufen?«

Sehe ich etwa aus wie ein Fachkater für menschliche Ernährungsfragen?

»Käse«, sagt er. »Und Gebäck. Das kann nicht falsch sein.«

Ich gähne. Dann eben Käse.

»Und dann dieser ängstliche Hund. Vielleicht pinkelt er vor Angst auf den Teppich?«

Kann sein.

»Was frisst ein Hund eigentlich?«

Wie wär's mit Hundefutter?

»Ich besorge eine Dose Hundefutter.«

Bravo Guido. Sehr schön erkannt.

20. Dezember

Er kommt zurück aus der Stadt und stapelt so viel Futter im Kühlschrank, als hätte er nicht eineinhalb Menschen und ein bisschen Hund eingeladen, sondern die gesamte Nachbarschaft.

Er probiert verschiedene Gewänder an. Schwarze Hose, weißes Hemd, schwarze Krawatte. Weiße Hose, schwarzer Pullover. Weite schwarze Hose, weißes T-Shirt, schwarze chinesische Jacke.

Sein Schwarz-Weiß-Tick beschränkt sich nämlich nicht nur auf die Wohnung. Schließlich entscheidet er sich für die erste schwarze Hose mit einem weißen T-Shirt.

Bravo Guido, sehr kreativ!

Dann stehen die drei vor der Tür. Der Hund namens Alissa versteckt sich hinter Tina. Was denkt er sich eigentlich? Dass ich auf so ein zitterndes Wesen losgehe? Das ist weit unter meiner Würde. Wenn man mir mit entsprechender Demut entgegenkommt, bin ich der friedlichste Kater weit und breit.

21. Dezember

Alles fing ganz problemlos an. Guido fragte Tina nach ihrer Arbeit mit kranken Tieren, und sie wollte die Bücher sehen, die er geschrieben hat. Das mag er gern. Ich marschierte in die Küche, klaute ein Stück Käse von einem Teller und teilte mit dem Hund, der Käse ebenso liebt wie ich. Alle waren zufrieden.

Aber dann passierte es.

Dann kam Tinas Frage: »Warum mögen Sie Weihnachten nicht – oder ist diese Frage zu persönlich?«

Oh nein! Von allen Fragen auf dieser Welt suchte sie sich ausgerechnet diese eine aus! Die, bei der er immer ganz schmale Lippen kriegt und etwas sehr Unfreundliches sagt. Ich ahnte, was kommen würde.

»Fragen sind nie zu persönlich. Nur Antworten«, sagte Guido. Die Temperatur im Raum sank augenblicklich um gefühlte zehn Grad.

Danach schwieg er beharrlich. Wie lange? Er blieb stumm. Erst nachdem die drei gegangen waren, sagte er etwas. Zu mir. »Siehst du, was du angerichtet hast?«

Ich mache mir ernsthafte Sorgen um seine geistige Gesundheit.

22. Dezember

An diesem bemerkenswerten Tag steht Guido auf und sagt: »Ich bin ein Idiot.«

Kein Kommentar von meiner Seite. Ich bin der höflichste Kater weit und breit. Jedenfalls scheint es ein interessanter Tag zu werden.

»Max«, sagt er. »Ich glaube, sie gefällt mir.«

Höchste Zeit, dass er das merkt.

»Aber ich hab alles falsch gemacht.«

In der Tat.

»Sie wird kein Wort mehr mit mir reden.«

Na, na! Nicht gleich aufgeben.

»Keine Ahnung, wie ich das wieder hinkriegen soll.«

Natürlich hat er keine Ahnung. Aber ich.

23. Dezember

Es hat einmal funktioniert. Warum nicht noch einmal?

Ich fresse eine Extraportion von dem Gras, das für mich in der Küche steht.

Kurze Zeit später dekoriert mein eben gefressenes Frühstück den schwarz-weiß gekachelten Küchenboden.

»Ich hol Tina!«, ruft er. »Ich glaube, sie ist noch zu Hause.«

Ist sie in der Tat. Sie betrachtet nachdenklich die vorweihnachtliche Bescherung auf dem Küchenboden.

»Zu viel Gras gefressen«, sagt sie. Schlaue Frau.

»Nichts Ernstes also?«

»Ich glaube nicht.«

»Vielen Dank«, sagt er.

Ist das alles, was er zustande bringt? Ein lahmes »vielen Dank«?

»Haben Sie noch fünf Minuten Zeit?«

Er denkt, fünf Minuten genügen, um alles wieder in Ordnung zu bringen? Tinas Blick ist nicht ermutigend. Klar.

»Ich würde gerne Ihre Frage beantworten. Das heißt, wenn Sie die Antwort überhaupt noch hören wollen.«

Was? Er will ihr wirklich erzählen, wie Engelchen verschwunden ist? Damals am Weihnachtsabend? Hallelujah! Ein Weihnachtswunder!

24. Dezember

Es ist wieder einmal so weit. Eiliger Abend! Die Menschen nennen ihn so, weil sie sich beeilen müssen, um mit allen Vorbereitungen fertig zu werden.

Guido summt vor sich hin und wickelt Sachen in Geschenkpapier. In schwarz-weiß gestreiftes.

Dann gehen wir nach nebenan und klingeln an der Tür. Sarah öffnet.

Schlappohr Alissa lotst mich in die Küche. An ihre Futterschüssel mit einem Riesenstück Käse drin.

Kann es sein, dass es schlaue Hunde gibt?

Alissas Schnauze schiebt die Futterschüssel mit dem Käsestück näher zu mir. »Alles deins«, sagt ihr Blick. Es GIBT schlaue Hunde.

Ich futtere. Alissa sieht zu. Gute Arbeitsteilung.

Plötzlich stehen sie alle drei neben uns. Guido, Sarah, Tina.

»Das ist offenbar der Beginn einer wunderbaren Freundschaft«, sagt Tina. Sie schaut mich und Alissa an.

»Ganz meine Meinung«, sagt Guido. Er schaut Tina an.

»Das habe ich mir zu Weihnachten gewünscht«, sagt Sarah.

Astrid Frank

Das Weihnachtswunder

Besuch von der Weihnachtselfe

»Hallo Ben!« Das Stimmchen war fein und klar. Ja, es perlte fast so wie Bens Lieblingslimonade im Mund, die er aber nur zu besonderen Anlässen trinken durfte. Etwa wenn er Geburtstag hatte. Oder wenn sie im Restaurant aßen. Zu Hause musste er meistens Wasser trinken oder Apfelschorle. Es war ein leises Stimmchen. Und trotzdem hörte Ben es so deutlich, als wäre die Stimme direkt in seinem Kopf.

Mühsam öffnete Ben die Augen. Vor ihm in der Luft schwebte ein klitzekleiner Engel, nicht viel größer als Bens Hand, in einem weißen Gewand und mit goldenen Flügeln.

Ich glaub, ich träume, dachte Ben.

Und da lachte der Engel, und dieses Lachen klang wie ein Glockenspiel.

»Du träumst nicht, Ben«, sagte die Gestalt. »Und ich bin kein Engel, sondern eine Elfe. Genauer gesagt, eine Weihnachtselfe. Mein Name ist Alba.«

Ben rieb sich kräftig die Augen. Aber als er sie wieder aufmachte, war Alba immer noch da. Um sie herum erstrahlte ein warmes goldgelbes Licht, das stark genug war, Bens Bett zu beleuchten. Der Rest des Zimmers lag im Dunkeln.

»Wenn du dich genug gewundert hast, kann ich dir erzählen, warum ich hier bin«, fuhr Alba fort. »Ich brauche nämlich deine Hilfe, genauer gesagt, braucht der Weihnachtsmann deine Hilfe.«

Bens Augen wurden noch größer. »Der Weihnachtsmann braucht meine Hilfe?«

Alba nickte. »Es geht ihm nicht gut«, erklärte sie. »Es geht ihm sogar sehr schlecht.« Ihr Stimmchen wurde noch leiser, als sie traurig weitersprach: »Wie du vielleicht weißt, oder auch nicht, ernährt sich der Weihnachtsmann vom Glauben der Menschen an ihn. Oder genauer gesagt, von ihrer Liebe zu ihm.«

»Das wusste ich nicht«, warf Ben ein.

»Das Problem ist«, sagte Alba, »dass die Menschen nicht mehr an den Weihnachtsmann glauben – selbst die Kinder glauben nicht mehr an ihn.«

»Ich glaube an ihn!«, beteuerte Ben.

Alba lachte wieder ihr Glockenlachen. »Ich weiß«, sagte sie. »Deshalb bin ich hier bei dir. Nur du kannst den Weihnachtsmann retten.« Sie machte mit ihrer Hand wilde Zeichen in der Luft und vor Ben erschien das Bild des Weihnachtsmannes. Er sah aber gar nicht so aus, wie Ben ihn sich vorgestellt hatte: Er war mager, sein Gesicht wirkte eingefallen und grau, und sein roter Mantel sah aus, als sei er zu oft gewaschen worden.

»Das soll der Weihnachtsmann sein?«, fragte Ben entsetzt.

Alba nickte traurig. »Er wird immer dünner und farbloser. Er löst sich auf.«

»Er löst sich auf? Aber das ist ja schrecklich!« Jetzt war Ben hellwach.

»Der einzige Weg ihn zu retten besteht darin, dafür zu sorgen, dass wieder mehr Menschen an ihn glauben«, erklärte Alba.

»Und was habe ich damit zu tun?«, wollte Ben wissen.

»Du bist der letzte Mensch auf Erden, der noch an ihn glaubt«, sagte die Elfe. »Du musst dafür sorgen, dass es wieder mehr werden.«

»Aber wie soll ich das schaffen?« Ben dachte an seinen großen Bruder Steffen, der ihn immer damit aufzog, dass er noch an den Weihnachtsmann glaubte.

Jetzt lachte Alba wieder. »Ich werde dir dabei helfen«, versprach sie.

»Wie?«, wollte Ben wissen.

»Das wirst du schon sehen«, sagte die Elfe geheimnisvoll. Dann schwebte sie ganz nah an sein Gesicht und Ben spürte eine sachte Berührung an seiner Wange. So zart, als hätte ihn der Flügel eines Marienkäfers gestreift. »Damit du mich nicht vergisst«, fuhr Alba fort.

Und dann war sie verschwunden.

 Als Ben am nächsten Morgen aufwachte, fiel ihm als Erstes sein Traum von der Weihnachtselfe ein. *Was für eine verrückte Geschichte*, dachte er, während er sich im Badezimmer die Haare kämmte.

Plötzlich stutzte er und hielt sein Gesicht so nah an den Spiegel, dass seine Nasenspitze ihn berührte. Auf seiner Wange war ein kleiner roter Fleck, der aussah wie ein gespitzter Mund. Ein Kussmund. Ben strich prüfend mit dem Finger darüber. Die Stelle war warm. *Es war kein Traum*, dachte Ben erstaunt. *Ich hatte Besuch von einer Weihnachtselfe!*

Er stolperte die Treppe hinunter und rief dabei: »Mama! Mama! Ich muss den Weihnachtsmann retten!«

»Nee, ist klar, du Knirps«, nuschelte Bens großer Bruder Steffen mit vollem Mund, als Ben im Türrahmen stehen blieb.

»Es ist aber wahr!«, beharrte Ben, setzte sich an seinen Platz am Frühstückstisch und erzählte seiner Familie von seiner Begegnung mit der Weihnachtselfe Alba.

Seine Mutter lächelte ihn an, hörte aber gar nicht richtig zu, sein Vater ließ nicht einmal die Zeitung sinken, und Steffen prustete vor Lachen, bis ihm die Brotkrumen aus den Mundwinkeln flogen.

»O Mann«, sagte Steffen, als Ben mit seiner Erzählung fertig war. »Es wird echt Zeit, dass du mal mit diesem Babykram aufhörst. Das ist ja voll peinlich! Mit sieben glaubt doch kein Schwein mehr an den Weihnachtsmann!«

»Ich habe sogar einen Beweis!«, behauptete Ben und deutete mit spitzem Finger auf den Lippenabdruck auf seiner Wange.

»Was denn?«, fragte Steffen und stand bereits auf. »Meinst du den Pickel da? Glaub mir, Kleiner, Pickel haben nichts mit dem Weihnachtsmann zu tun. Damit kenne ich mich aus.«

Ben starrte seinen Bruder finster an. »Idiot«, zischte er – aber vorsichtshalber so leise, dass Steffen ihn nicht hören konnte.

Auf dem Schulweg musste Ben die ganze Zeit an die Weihnachtselfe denken. Hatte sein großer Bruder recht? War das alles nur ein Traum gewesen? Immerhin war Steffen schon 14! Und er selbst erst sieben! Mit 14 kannte man sich vielleicht tatsächlich etwas besser auf der Welt aus. Er berührte noch einmal den Lippenabdruck der Elfe an seiner Wange. Die Stelle war immer noch warm. Obwohl es heute minus drei Grad waren!

Ben war so in Gedanken versunken, dass er den alten Mann, der wie immer sein Lager an der Ecke der Schulstraße aufgeschlagen hatte, beinahe übersehen hätte.

»Guten Morgen, Ben«, grüßte der Obdachlose. Er räumte gerade seine wenigen Habseligkeiten zusammen.

»Guten Morgen, Herr Mann«, antwortete Ben. Er kannte den Alten, der seit Jahren seinen Schlafplatz an dieser Stelle hatte, weil sie windgeschützt war.

»Na?«, fragte der Obdachlose. »Hast du deinen Wunschzettel für Weihnachten schon geschrieben?«

Ben schüttelte den Kopf. »Noch nicht«, antwortete er und kramte dabei in seinem Schulranzen nach seinen Pausenbroten. Seine Mutter schmierte ihm morgens immer einen ganzen Berg davon. Und Ben hatte es sich angewöhnt, Herrn Mann davon etwas abzugeben. Auch an diesem Morgen reichte er ihm einen dicken Packen in Butterbrotpapier gewickelte Wurstschnitten.

»Danke«, sagte Herr Mann und schenkte Ben ein zahnloses Grinsen. »Du bist ein guter Mensch. Von deiner Sorte gibt's nicht mehr allzu viele.«

Ben lächelte und rannte die letzten Meter bis zur Schule.

Heute war Montag. Und montags durften sie vor der Klasse erzählen, was sie am Wochenende erlebt hatten. Ben meldete sich und als Frau Fischer ihn aufrief, stellte er sich vorne an die Tafel und blickte seine Mitschüler an.

»Ich hatte heute Nacht Besuch von einer Weihnachtselfe«, erzählte er. »Ich soll den Weihnachtsmann retten ...«

Weiter kam er nicht. Seine Mitschüler bogen sich vor Lachen. Maja fiel dabei sogar vom Stuhl und Oskar verschluckte sich an seinem Wasser.

»Der ist nicht mehr zu retten!«, rief Leon in die Klasse. »Weil es ihn nämlich gar nicht gibt!« Und wieder lachten alle los.

»Es gibt ihn wohl!«, schrie Ben zurück. »Und nur weil niemand mehr an ihn glaubt, ist er ganz krank!«

»Bevor ich noch an den Weihnachtsmann glaube«, rief Leon, »wird der Penner vor der Schule Millionär!«

Maja hatte sich gerade zurück auf ihren Stuhl gesetzt – jetzt fiel sie wieder runter. Frau Fischer brauchte mehrere Minuten, bis sie für Ruhe gesorgt hatte.

Ben kämpfte gegen die Tränen an, die in ihm aufsteigen wollten, und schlich zurück auf seinen Platz.

Alba hatte recht gehabt: Außer ihm glaubte niemand mehr an den Weihnachtsmann. Aber was konnte er, Ben, schon daran ändern? Nichts! Nichts konnte er ändern.

Der Lottoschein

»Jetzt hört euch das an!«, sagte Bens Vater am Frühstückstisch und wedelte dabei aufgeregt mit der Zeitung vor seiner Nase.

Ben biss in sein Marmeladenbrötchen. Heute war Sonntag und sonntags gab es immer Brötchen. Er war froh, dass diese Woche endlich vorbei war. Es war die schlimmste Woche in seinem Leben gewesen. Jeden Morgen hatte Leon ihn in der Klasse mit »Hohoho, ich bin der Weihnachtsmann« begrüßt und alle hatten gelacht. Und Steffen hatte gesagt, das geschähe ihm ganz recht, wenn er sich so lächerlich machen würde. Denn natürlich hatte Ben zu Hause erzählt, was Leon gesagt hatte: Dass er erst an den Weihnachtsmann glauben würde, wenn der Penner vor der Schule Millionär geworden wäre.

Und dann war auch noch Herr Mann verschwunden! Seit Mittwoch hatte er den Alten nicht mehr gesehen. Und nun machte sich Ben Sorgen. Schließlich war es draußen so kalt wie schon lange nicht mehr! Eine dicke weiße Schneeschicht ließ alles besonders weihnachtlich aussehen. Aber zum ersten Mal in seinem Leben freute Ben sich nicht auf Weihnachten.

»Hört euch das an!«, sagte Bens Vater noch einmal und dann las er den Artikel aus der Zeitung vor:

»Der stadtbekannte Obdachlose W. Mann ist überraschend zu Reichtum gekommen. Wie Herr Mann uns berichtete, hat er in der Nacht zum Mittwoch Besuch von einer Weihnachtselfe bekommen, die ihm einen Tipp gegeben habe, wo er einen herrenlosen Lottoschein fände. Tatsächlich hat der seit Jahren auf der Straße lebende Mann am angegeben Ort einen noch gültigen Lottoschein gefunden und bei der Überprüfung stellte sich heraus, dass mit der Tippreihe der Hauptgewinn von 1,7 Millionen Euro gezogen wurde. Seit Mittwoch residiert W. Mann nun in einem 5-Sterne-Hotel und er hat auch bereits Pläne für die Zukunft: Er will eine Stiftung gründen, die einmal im Jahr zu Weihnachten einem anderen Obdachlosen die Chance auf einen Neustart gibt. Herr Mann, der selbst vor fünf Jahren unverschuldet seinen Wohnsitz verlor, sagt: ›Nun glaube ich wieder an den Weihnachtsmann!‹«

Bens Vater ließ die Zeitung sinken und starrte Ben mit offenem Mund an. Steffen hatte es die Sprache verschlagen und Bens Mutter hatte Tränen in den Augen.

Ben lächelte zufrieden. »Da bin ich aber froh, dass es Herrn Mann gut geht«, sagte er. »Ich hatte mir schon Sorgen um ihn gemacht!«

Wiedersehen mit der Weihnachtselfe

»Hallo, Ben!« Das Stimmchen war fein und klar. Es perlte fast so wie Bens Lieblingslimonade im Mund, die er aber nur zu besonderen Anlässen trinken durfte. Etwa wenn er Geburtstag hatte. Oder wenn sie im Restaurant aßen. Es war ein leises Stimmchen. Und trotzdem hörte Ben es so deutlich, als wäre die Stimme direkt in seinem Kopf.

Ben öffnete die Augen. Vor ihm in der Luft schwebte eine klitzekleine Gestalt, nicht viel größer als Bens Hand, in einem weißen Gewand und mit goldenen Flügeln.

»Hallo, Alba!«, sagte Ben und strahlte die Weihnachtselfe glücklich an. »Es hat geklappt, nicht wahr?«

Alba lachte und dieses Mal klang das feine Glockenspiel noch sehr viel fröhlicher.

Die Weihnachtselfe wedelte wieder mit ihrem Arm in der Luft und vor Bens Augen erschien das Bild des Weihnachtsmannes. Nun, er war nicht gerade so dick und rund und rosig wie Ben ihn sich immer vorgestellt hatte, aber er sah schon wieder viel besser aus als beim letzten Mal: Sein Gesicht hatte eine frische Farbe, sein Mantel leuchtete rot und er hatte ein zufriedenes Lächeln auf den Lippen.

»Das warst du«, sagte die Weihnachtselfe. »Ja wirklich, du hast den Weihnachtsmann gerettet!«

»Na ja«, sagte Ben unsicher. Er hatte nicht das Gefühl, dass das alles viel mit ihm zu tun hatte.

»Doch, doch«, beharrte Alba. »Du wirst schon sehen!« Sie schwebte wieder dicht an Bens Gesicht heran und hauchte ihm einen zweiten Kuss auf die

Wange. Genau auf dieselbe Stelle wie beim letzten Mal. Dann löste sie sich in Luft auf.

Ben tastete nach der Stelle in seinem Gesicht. Sie fühlte sich nicht mehr warm an.

»Mensch, Alter«, begrüßte Leon Ben am Montag in der Schule. »Bist du ein Zauberer oder so was?« Er klopfte Ben anerkennend auf die Schulter.

Ben zuckte nur mit den Achseln.

Auch als Frau Fischer der Klasse den Zeitungsartikel über den Obdachlosen W. Mann vorlas, der so überraschend zu Reichtum gekommen war, und alle gebannt zuhörten, zuckte Ben nur mit den Achseln. Er hatte es doch die ganze Zeit gewusst!

Michael Ende

Weihnachtswünsche

Die Weihnachtszeit steht vor der Tür.
Zehn Kinder wünschen sich von mir
so dies und das und allerhand –
ich bring schon alles durcheinand':

Zum Beispiel wünscht der kleine Gerd,
irr ich mich nicht, ein Schaukel-Buch.
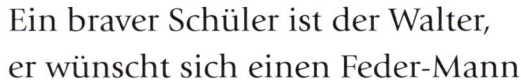

Ein braver Schüler ist der Walter,
er wünscht sich einen Feder-Mann.
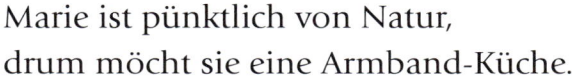

Marie ist pünktlich von Natur,
drum möcht sie eine Armband-Küche.

Tierlieb ist Julchen ganz unstrittig,
sie wünscht sich einen Wellen-Schlitten.
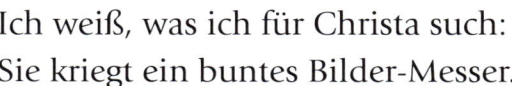

Ich weiß, was ich für Christa such:
Sie kriegt ein buntes Bilder-Messer.

Die Gabi denkt an Vitamine
und möchte eine Apfel-Uhr.

Der Michel will das Christkind bitten
um Schnee und einen Rodel-Sittich.

Bescheiden ist der kleine Jan,
er möchte einen Hampel-Halter.

Lässt mich mein Kopf nicht ganz im Stiche,
wünscht Lis sich eine Puppen-Sine.

Karls Wunsch, den kenn ich nun schon besser:
Er möchte gern ein Taschen-Pferd.

Du meinst, da stimmt doch etwas nicht?
Was sich nicht reimt, ist kein Gedicht?
Du könntest, statt mich auszulachen,
was ich vertauscht hab, richtig machen;
sonst schenk ich aus Zerstreutheit gar
nur dummes Zeug der Kinderschar.

Hanna Jansen

Weihnachtsengel in Not

Als sie die Wohnungstür ins Schloss fallen hört, schlägt Kaja die Augen auf. Es ist noch dunkel im Zimmer, aber sie ist sofort hellwach.

Wigilia! Der 24. Dezember. Und Mama macht sich gerade auf den Weg zu ihrer Arbeit im Seniorenheim.

»Du kannst so lange schlafen, wie du willst!«, hat sie am Vorabend zu Kaja gesagt. »Oder meinetwegen auch fernsehen. Dann geht die Zeit viel schneller rum. Spätestens um drei bin ich wieder da.«

Es kommt nicht oft vor, dass Kaja so viele Stunden ganz allein in der Wohnung bleiben muss. Sie besucht eine Ganztagsschule, und wenn Mama Spätschicht hat, passt Mamas Freundin Zofia immer auf sie auf. Aber es sind Ferien, Kaja hat schulfrei. Und Zofia ist nach Polen gereist, um Weihnachten mit ihrer Familie zu feiern. Nach Polen! Wo Kaja jetzt auch am liebsten wäre. Bei ihrer Babka. Es ist das erste Weihnachten ohne die Großmutter. Vor einem Jahr hat Mama zum Glück die feste Stelle im Seniorenheim bekommen und da sind sie und Kaja nach Deutschland umgezogen. In ein Hochhaus am Stadtrand. Sehr weit weg von Babkas kleinem Dorf.

Im Seniorenheim muss Mama manchmal auch an Feiertagen arbeiten, das ist leider nicht zu ändern. Aber ausgerechnet an *Wigilia*?

»Weihnachten ist für alle da«, hat Mama Kaja erklärt. »Ganz besonders für alte Leute, die allein sind und nicht mehr so viel Freude haben.«

Das sieht Kaja ein. Sie will nicht, dass irgendwer an Weihnachten keine Freude hat. Und sie mag alte Leute. Babka ist ja auch schon alt.

»Und was ist mit Babka?«, hat sie Mama mit einem dicken Kloß im Hals gefragt. »Soll sie Weihnachten denn keine Freude haben? Ohne uns!«

»Babkas Schwester kommt zu Besuch«, hat Mama sie getröstet. »Und wie jedes Jahr ist Jakub zum Essen eingeladen. Babka ist nicht allein. Sie hat das ganze Dorf. Das Dorf ist ihre Familie.«

Ja, das stimmt. Kaja vermisst die Dorffamilie auch. Und Jakub. Der so gern lacht und Geschichten erzählt und Babka immer die schwere Arbeit abnimmt. Holzhacken zum Beispiel oder das Dach reparieren, wenn es irgendwo eine undichte Stelle gibt.

Es macht Kaja nichts aus, ein paar Stunden allein zu sein. Sie kann das.

Immerhin ist sie schon siebeneinhalb und Mama hat ihr beigebracht, Essen in der Mikrowelle warm zu machen. Sie tastet nach dem Lichtschalter an der Wand und knipst die Deckenlampe an. Keine Minute länger hält sie es im Bett aus. Und schlafen kann sie erst recht nicht, dafür ist sie viel zu zappelig.

Barfuß trippelt sie in die Küche, wo Mama schon alles auf den Tisch gestellt hat: Kakao und kleine Pfannkuchen, Butter, Honig, Erdbeermarmelade. Wahrscheinlich ist Mama selbst ohne Frühstück aus dem Haus gegangen. Meistens kauft sie sich im Kiosk gegenüber einen Becher heißen Kaffee und trinkt ihn unterwegs.

Kaja schmiert Honig auf einen Pfannkuchen und beißt hinein. Ob Mama wohl noch Heu bekommt?, grübelt sie. Heu ist nämlich wichtig an Wigilia! Es muss beim Abendessen auf dem gedeckten Tisch liegen, damit es im nächsten Jahr eine gute Ernte gibt. Überhaupt soll es ein richtiges polnisches Weihnachten werden, wie sie es gewohnt sind. Sie haben alles vorbereitet: Einen Haufen Plätzchen gebacken und den Kühlschrank bis oben hin mit leckeren Sachen für das Weihnachtsessen gefüllt. Die Wohnung blitzsauber geputzt und überall mit Tannenzweigen geschmückt.

Nur das mit dem Heu ist schwierig. Wo soll man in der Stadt denn Heu herkriegen?

Wir hätten einfach Gras rupfen und trocknen sollen, denkt Kaja und wirft einen Blick auf die Küchenuhr an der Wand. Erst halb neun. Noch *so* viel Zeit! Eigentlich könnte sie jetzt nach draußen gehen und nachschauen, ob irgendwo Gras wächst. Aber das darf sie nicht! Sie soll in der Wohnung bleiben, bis Mama wieder da ist.

Kaja läuft zum Fenster, hinter dem es langsam heller wird. In den meisten Fenstern im Hochhaus gegenüber brennt Licht. Wie viele Leute wohl da wohnen? Mehr als in Babkas Dorf? Dreißig Stockwerke hat Kaja einmal gezählt.

Sie macht sich Sorgen. Wegen der Sterne. Erst, wenn sich der Abendstern am Himmel zeigt, kann man mit dem Fest beginnen. Aber Kaja hat in der Stadt nur selten Sterne entdeckt. Was, wenn heute Abend auch kein Stern zu sehen ist?

Man muss sich nur zu helfen wissen, sagt Babka immer.

Zur Sicherheit hat Kaja in der Schule goldene Papiersterne gebastelt. Viele kleine und einen großen. Die will sie vorm Abendessen ans Fenster kleben, den großen in die Mitte. Und der soll dann der Weihnachtsstern sein. Damit alles seine Ordnung hat. Am liebsten würde sie jetzt schon damit anfangen, aber es ist noch viel zu früh.

Lustlos macht sie sich auf den Weg ins Wohnzimmer, wo Mama ihr Bett wieder in ein Sofa verwandelt hat, kuschelt sich in eine Ecke und zieht die kalten Füße unter ihren Po. Es riecht nach Tannenwald.

Sie schaltet den Fernseher ein und zappt mit der Fernbedienung eine Weile hin und her. Aber auf allen Sendern läuft bloß Babykram und zwischendurch Werbung für teure Spielsachen, die unter dem Weihnachtsbaum stehen sollen. Sie haben keinen Weihnachtsbaum und Geld für neue teure Spielsachen sowieso nicht. Mama kauft meistens bei Ebay oder auf dem Flohmarkt ein. Ob sie wohl ein Kickboard gefunden hat, das Kaja sich schon lange wünscht?

Gelangweilt drückt Kaja auf den Ausschaltknopf.

Auf dem Tisch liegt das große Weihnachtsbuch aus Polen. Mit Rezepten, Bastelanleitungen, Geschichten und Liedern. Sie fängt an darin herumzublättern, sucht nach dem Bild vom Weihnachtsengel unterm Tannenbaum, das sie immer wieder aufschlägt, weil ihr der Engel so gefällt: In seinem weißen, glänzenden Kleid, mit den großen weißen Flügeln und dem Silberband um das lange blonde Engelshaar geschlungen. Er sieht aus, als ob er träumt.

Kaja muss daran denken, wie sie in Polen Weihnachten immer mit den anderen Kindern des Dorfes von Haus zu Haus gezogen ist. Als Engel und Hirten verkleidet haben sie einen Stern vor sich hergetragen, Weihnachtslieder gesungen und dafür Süßigkeiten geerntet. Manchmal auch ein bisschen Geld.

Plötzlich kommt ihr *die* Idee! Sie könnte sich verkleiden und Mama, wenn sie wiederkommt, als Weihnachtsengel überraschen. Dazu braucht sie bloß ein weißes Kleid, weiße Flügel und ein Silberband. Langes blondes Haar hat sie schon.

Am wichtigsten ist das Kleid. Sie hat kein weißes Kleid. Aber vielleicht findet sie ja irgendetwas Passendes in Mamas Schrank ...

Da hängt eine weiße Bluse, doch die glänzt kein bisschen und hat viel zu lange Ärmel. Vielleicht ein Nachthemd? Schnell zieht Kaja die Schublade auf, wo die Unterwäsche liegt. Oben drauf Mamas weißer Spitzenunterrock ...

Perfekt!

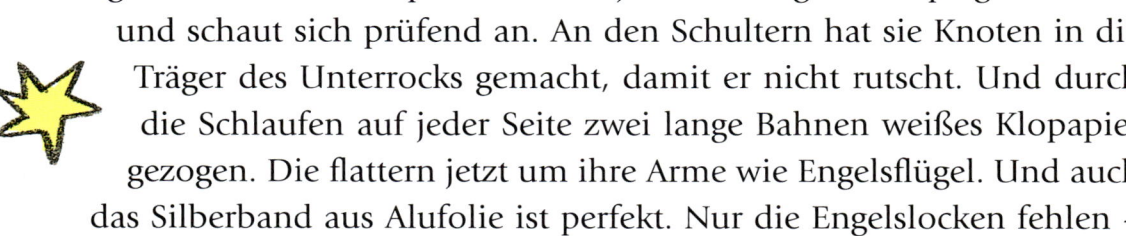

Eine gute halbe Stunde später steht Kaja vor dem großen Spiegel im Flur und schaut sich prüfend an. An den Schultern hat sie Knoten in die Träger des Unterrocks gemacht, damit er nicht rutscht. Und durch die Schlaufen auf jeder Seite zwei lange Bahnen weißes Klopapier gezogen. Die flattern jetzt um ihre Arme wie Engelsflügel. Und auch das Silberband aus Alufolie ist perfekt. Nur die Engelslocken fehlen – Kajas Haar ist dünn und glatt – aber wen stört das schon? Mama wird bestimmt Augen machen! Nun kann Kaja es kaum noch erwarten, dass sie nach Hause kommt.

Als sie Schritte im Hausflur hört, reißt sie die Wohnungstür auf und späht hinaus. Da ist niemand zu sehen, aber jemand steigt die Treppe hoch.

Mama? Vielleicht hat sie ja schon früher frei gekriegt! Die Schritte kommen langsam näher, klingen schwer und müde. Seit zwei Wochen ist der Fahrstuhl kaputt. Echt blöd, wenn man im vierten Stock wohnt. Kaja läuft in den Hausflur und starrt die Treppe hinunter.

Endlich taucht ein Kopf in der Biegung auf. Ein *grauer* Kopf. Es ist Frau Budde, ihre Nachbarin aus der Wohnung nebenan. Die ganz allein da wohnt. Noch nie hat Kaja sie lächeln gesehen und noch nie hat sie ein nettes Wort von ihr gehört. Vor lauter Enttäuschung vergisst Kaja zu grüßen. Frau Budde keucht. Mühsam schleppt sie eine prall gefüllte Plastiktüte vom Supermarkt um die Ecke. Sie streift Kaja nur mit einem kurzen Blick durch ihre Brillengläser und schließt die Tür zu ihrer Wohnung auf. Ein kalter Luftzug fegt durchs Treppenhaus, und im selben Augenblick knallt es hinter Kaja. Als sie herumfährt, kriegt sie einen Riesenschreck. Ihre Tür ist zu, und Mama hat den Schlüssel! Tränen schießen Kaja in die Augen.

»Pah!« Sie schluckt. Bloß nicht weinen! An Wigilia schon gar nicht. Sie hockt sich auf die erste Treppenstufe. Dann muss sie eben hier auf Mama warten. Bestimmt kommt sie gleich.

Jedes Mal, wenn Kaja Schritte hört, macht sie einen langen Hals. Aber jedes Mal ist es jemand anderes. Und niemand, den sie kennt.

Zuerst eine Frau, die einen langen, schwarzen Mantel und ein dunkelrotes Kopftuch trägt. Sie hält ein kleines Mädchen an der Hand. So ein Tuch bindet Babka sich auch manchmal um den Kopf, aber diese Frau ist noch jung. Sie lacht Kaja an und sagt etwas in einer fremden Sprache. Das kleine Mädchen winkt, Kaja winkt etwas lahm zurück.

Kurz darauf tönt Poltern und Geschrei durchs Haus. »Wer als Erster oben ist!«, brüllt eine Stimme. Zwei Jungen rennen um die Wette die Treppe hoch. Einer stolpert, rempelt Kaja an. »Pass doch auf!«, faucht sie. Sie hat keine Lust mehr, hier zu sitzen. Noch ein paar Mal gehen Leute aus dem Haus vorbei. Die meisten achten nicht auf Kaja, weil sie es viel zu eilig haben. Und wenn einer fragt, warum sie auf der Treppe sitzt, sagt sie nur: »Meine Mama kommt gleich.«

Zum Schluss erscheint ein ziemlich dicker Mann mit einem Tannenbaum auf der Schulter. »Na, du kleiner Engel«, grinst er, »lässt du mich mal durch?« Kaja senkt den Kopf. »Meine Mama kommt gleich«, murmelt sie und rückt zur Seite.

Danach bleibt es lange ruhig. Sie krümmt die nackten Zehen, ihre Füße sind eiskalt. Es kribbelt in der Nase und im Po. Und ... Auf einmal merkt sie, dass sie muss. »Mama! Bitte! Komm jetzt endlich!«, jammert sie.

Und wenn du dir mal nicht zu helfen weißt, brauchst du gute Nachbarn!, sagt Babka.

Frau Budde ist bestimmt *keine* gute Nachbarin, aber das ist jetzt egal. Kaja braucht sie. Und zwar dringend! Sonst könnte es passieren ... Sie gibt sich einen Ruck, steht auf und klingelt an Frau Buddes Tür. Dabei klopft ihr Herz bis zum Hals. Ihr fällt auf, dass Frau Buddes Tür ein Guckloch hat und sie hört dahinter leise Schritte, aber nichts geschieht. Nur das Loch guckt sie so komisch an.

Kaja presst den Zeigefinger wieder auf die Klingel. Endlich geht die Tür auf und Frau Budde steht direkt vor Kaja. Sie macht ein Gesicht zum Fürchten. »Was soll das?«, schimpft sie.

Kaja trippelt auf der Stelle. »Ich muss mal! Unsere Tür ist zu, und ich hab keinen Schlüssel!«

Frau Budde seufzt und tritt einen Schritt zur Seite. »Da!« Sie zeigt auf eine Tür im Flur. »Aber mach nichts schmutzig!« Kaja schießt an ihr vorbei.

Als sie endlich zitternd auf dem Klo sitzt, fängt sie doch ein bisschen an zu heulen. Vor Erleichterung und weil es ihr so peinlich ist. Als sie fertig ist, bleibt sie noch eine Weile sitzen.

»Wo ist denn deine Mama? Und wann kommt sie wieder?«, fragt Frau Budde, die im Flur ungeduldig auf sie wartet.

Kaja zittert immer noch. »Um drei«, krächzt sie. »Das hat sie mir versprochen.«

Frau Budde legt die Stirn in Falten. »In einer Stunde erst?« Sie mustert Kaja streng. »So kannst du aber nicht mehr in den Hausflur. Halbnackt und in dem dünnen Fummel. Was hast du dir dabei gedacht?«

Kaja hebt das Kinn. »Ich bin doch ein Weihnachtsengel!«

Frau Budde zieht die Augenbrauen hoch. »Schöner Weihnachtsengel«, brummt sie. »Tja, dann wirst du wohl noch bleiben müssen.«

Schon klar: Das passt ihr überhaupt kein bisschen. Und auch Kaja nicht. Aber wieder raus ins kalte Treppenhaus ... daran mag sie gar nicht denken. Zu allem Überfluss muss sie niesen.

»Also dann mal rein in die gute Stube!« Frau Budde öffnet eine andere Tür. »Du kannst dich da aufs Sofa setzen und die Wolldecke nehmen. Aber putz dir erst die Nase! Ich hole dir ein Taschentuch.«

In Frau Buddes guter Stube ist es warm. Viel wärmer als in Mamas und Kajas Wohnung. Fast so warm wie in Babkas Küche, wenn im Herd das Winterfeuer knistert.

»Hier!« Das große Taschentuch in Frau Buddes Hand riecht nach frischer Wäsche. Kaja traut sich kaum, da reinzuschnupfen, doch Frau Budde guckt so streng, dass sie sich erst recht nicht traut, es zu lassen.

»Magst du heiße Milch mit Honig?«, fragt Frau Budde.

Kaja nickt verblüfft. Nie im Leben hätte sie gedacht, dass Frau Budde einem Kind in Not heiße Milch mit Honig machen würde.

Als Frau Budde aus dem Zimmer geht, setzt Kaja sich auf die Sofakante. Neugierig blickt sie sich in der guten Stube um.

Links steht ein alter Schrank, bemalt mit bunten Blumen, rechts ein großer Tisch mit einer weißen Spitzendecke und einer Silberschale mitten drauf. Die vier Stühle sind mit rotem Samt bezogen. Wie das Sofa. Und an der Wand hängt ein Bild, wo der Abendhimmel und das weite Meer zu sehen sind.

Aber nirgendwo ein Tannenzweig! Kein Stern und kein Adventskranz, überhaupt kein Weihnachtsschmuck.

»Heute ist Wigilia!«, rutscht es Kaja raus, als Frau Budde mit dem Becher Milch wiederkommt.

»Wie bitte?« Frau Budde starrt sie durch die Brillengläser an.

»Der Weihnachtsabend!« *Weiß* sie das etwa nicht? »Warum hast du keine Tannenzweige?«

Frau Budde stellt den Becher auf den Couchtisch. »Weil ich Weihnachten nicht mag!«, brummt sie.

Kaja macht riesengroße Augen. *Was* hat sie gesagt? »Aber ...«

»Der Weihnachtsrummel geht mir auf die Nerven. Diese Hektik, das Getue. Reine Geldverschwendung, wenn du mich fragst! Und die Welt wird davon auch nicht besser.«

Kaja beißt sich auf die Lippen. Wie kann es sein, dass einer Weihnachten nicht mag? Sie holt Luft. »Magst du denn auch keine Kinder?«

»Unsinn! Kinder sind wie alle Menschen. Manche so, manche so.«

»Hast du welche?«

»Nein. Aber ... ich war früher Lehrerin. Mit Kindern kenne ich mich aus.«

»*Meine* Lehrerin mag Kinder. *Und* Weihnachten«, behauptet Kaja.

»Na ja, das muss sie wohl. Ich nehme an, sie ist noch jung«.

Kaja nickt begeistert. »Sogar jünger als meine Mama«.

»Na siehst du! Aber ich bin alt und habe diesen Schnickschnack in der Schule zur Genüge mitgemacht. Vierzig Jahre Weihnachtsfeiern und Geschenke für die Eltern basteln. Mit den Kindern Weihnachtslieder üben, obwohl die keine Lust hatten zu singen ... Das hat mir gereicht.«

»Meine *Babka* mag Weihnachten. Sehr sogar. Es ist der allerwichtigste Tag im Jahr, sagt sie. An dem um Mitternacht lauter geheime Wunder passieren! An dem die Erde aufgeht und sie den Sternen ihre Schätze zeigt. Die Tiere können sprechen und unterm Schnee fängt es an zu blühen. Sogar die Steine werden lebendig! Meine Babka sagt, es ist der Tag, an dem alles gut wird. Und sie ist auch schon *alt*. Noch älter als du, glaube ich.«

»So, so«, murmelt Frau Budde. Ihre Lippen zucken. Soll das vielleicht ein Lächeln sein?

»Ich vermisse meine Babka«, flüstert Kaja.

»Trink jetzt deine Milch, sonst erkältest du dich noch!«, befiehlt Frau Budde. Ihre Stimme klingt auf einmal wackelig.

Gehorsam nimmt Kaja einen großen Schluck. Und gleich noch einen hinterher. Die süße Milch läuft warm in ihren Bauch, den Rest trinkt sie in einem Zug. Frau Budde lässt sie dabei nicht aus den Augen.

»Wann ist deine Mutter aus dem Haus gegangen?«, will sie wissen.

»Heute Morgen um halb acht. Weil sie nämlich Frühschicht hat.«

»So, so«, wiederholt Frau Budde. Aber dieses Mal zuckt es nicht um ihren Mund. »Und wie oft lässt sie dich so ganz allein in der Wohnung?«

Es gefällt Kaja nicht, wie sie dabei guckt. Als ob sie irgendwas gegen Mama hätte. »Nur heute! Weil Wigilia ist und die alten Leute auch ein bisschen Freude haben sollen. Die alten Leute im Seniorenheim.«

Frau Budde schüttelt den Kopf. »So ein kleines Mädchen sollte nicht den ganzen Tag allein zu Hause sein!«

»Ich bin schon sieben!«, protestiert Kaja. »Und Mama hat gesagt, ich muss in der Wohnung bleiben. Ich wollte sie ja bloß als Weihnachtsengel überraschen. Und da ist mir das mit der blöden Tür passiert!«

»Hmh.« Frau Budde räuspert sich. »Willst du noch Milch? Oder Kekse?«

»Nö!« Kaja schluckt. »Mama und ich kochen gleich!« Dabei ist das Frühstück schon lange her und eigentlich knurrt ihr der Magen, aber das verrät sie lieber nicht. Sonst glaubt Frau Budde noch, dass sie nicht genug zu essen kriegt.

»Also gut. Ich lasse dich dann mal allein. Wenn du etwas brauchst, kannst du mich ja rufen.«

Kurz darauf hört Kaja in der Küche Klappern von Geschirr. Sie gähnt und rollt sich in die warme Decke ein. Und plötzlich fallen ihr die Augen zu.

Als sie aufwacht, liegt sie nicht mehr auf Frau Buddes Sofa. Sie liegt in ihrem eigenen Bett. Wie ist sie da hingekommen? Hoffentlich hat sie Wigilia nicht verschlafen! »Mama!«, ruft sie aufgeregt.

Mama kommt ins Zimmer. »Na, mein Engel!«, lacht sie. »Da hast du aber Glück gehabt.«

Sofort rutscht Kaja aus dem Bett. Sie hat den Unterrock noch an. Aber keine Flügel mehr und auch kein Silberband im Haar. »Wieso Glück?«, fragt sie.

»Frau Budde hat auf mich gewartet und mir Bescheid gesagt, wo du steckst. Du hast auf ihrem Sofa tief und fest geschlafen. So tief, dass ich dich rübertragen musste.« Mama nimmt Kaja in die Arme und gibt ihr einen Kuss. »Der Tisch ist schon gedeckt. Zieh dich an, dann können wir gleich essen.«

»Und der Abendstern?«

»Klebt mit den anderen am Fenster. Es hat alles seine Ordnung. Nach dem Essen rufen wir bei Babka an.«

Kajas Herz macht einen Sprung. Im Nu zieht sie sich an und rennt in die Küche. Zwei große weiße Kerzen leuchten auf dem reich gedeckten Tisch, und ... Kaja stiert auf ein Bündel in der Mitte, das wie *Heu* aussieht.

»Aus dem Bastelladen«, kichert Mama. »Man muss sich ...«

»... nur zu helfen wissen!«, jubelt Kaja. Auf einmal ist sie sicher, dass es ein ganz besonderes Wigilia wird. Auch wenn Babka fehlt.

Sie setzt sich Mama gegenüber. Am Kopf des Tisches steht ein weiteres Gedeck. Für jemanden, der schon gestorben ist, für einen Fremden, der vielleicht vorbeikommt, oder auch für einen Nachbarn, der allein ist. Das macht man an Wigilia so in Polen.

Oder eine *Nachbarin*?

Kaja schiebt ihren Stuhl zurück. »Ich geh mal eben rüber zu Frau Budde, Mama«, sagt sie. »Oder hast du was dagegen?«

»Ganz und gar nicht!« Mama strahlt. »Ich wusste doch, dass du ein echter Weihnachtsengel bist.«

Joachim Friedrich

Das Ferkelchen von
Bethlehem

Wer kennt nicht die berühmteste Geschichte der Welt? Die Geschichte der Heiligen Nacht, in der Jesus Christus geboren wurde.

Wir alle wissen, was damals passiert sein soll. Josef und seine Frau Maria, die ein Baby erwartete, waren unterwegs nach Bethlehem, dem Geburtsort von Josef. Dort sollten sie sich melden, um an einer Volkszählung teilzunehmen.

Als sie jedoch in Bethlehem ankamen, fanden sie in keiner Herberge ein Zimmer und mussten schließlich in einem Stall übernachten. In diesem Stall bekam Maria ihr Baby, also den kleinen Jesus. Sie und Josef legten ihn in eine Krippe und deckten ihn mit Stroh zu. Die einzigen Zeugen, die es dafür gab, waren ein Esel und ein Ochse, die in diesem Stall untergebracht waren. So haben es jedenfalls die Hirten und auch die Drei Heiligen Könige berichtet, die später dazukamen. Ihnen hatte ein heller Stern, der über dem Stall von Bethlehem leuchtete, den Weg zu dem neugeborenen Jesus Christus gewiesen.

Was die Hirten und auch die Könige jedoch nicht wissen konnten, war eine kleine, aber sehr wichtige Geschichte, die sich abspielte, bevor sie dort eintrafen ...

»Hast du das gesehen?«, fragte der Ochse.

»Iiiiaaa!«, antwortete der Esel und nickte heftig mit dem Kopf. »Das Menschenweibchen hat ein Junges bekommen. Das liegt jetzt in unserer Krippe und wir haben nix zu futtern.«

Der Ochse seufzte. »Das ist aber ein ganz besonderes Menschenkind.«

Der Esel sah den Ochsen erstaunt an. »Wieso?«

»Das weiß ich nicht. Ich fühle es einfach.«

»Ich fühle nix«, entgegnete der Esel. »Ich hab nur Hunger.«

»Du bist ein blöder Esel«, sagte der Ochse.

»Und du bist ein blöder Ochse!«, rief der Esel.

»Aber ich fühle was!«, ertönte plötzlich eine helle Stimme.

Der Ochse und der Esel sahen sich um, konnten aber niemanden entdecken.

»Hier unten!«, meldete sich die Stimme wieder.

Die beiden großen Tiere sahen zu Boden und entdeckten ein kleines rosa Ferkelchen, das zwischen ihren Beinen stand.

»Was machst du Knirps denn hier?«, brummte der Ochse.

»Ich habe gehört, wie das Menschenkind schrie, als es geboren wurde. Und genau in dem Augenblick ging ein heller Stern über dem Stall auf.«

»Ein Stern?«, fragte der Esel. »Was denn für ein Stern?«

»Ein heller, wunderschöner Stern!«, rief das Ferkelchen und hüpfte vor Begeisterung in die Höhe.

»Es ist Nacht, Kleiner«, erwiderte der Ochse. »Und nachts sieht man nun einmal Sterne am Himmel. Vor allem in so einer klaren und kalten Nacht wie heute.«

Das Ferkelchen seufzte. »Wenn ihr mir nicht glaubt, dann kommt doch mit nach draußen und seht selber.«

Der Ochse und der Esel zögerten noch einen Augenblick, denn eigentlich hatten sie keine Lust, vor den Stall zu gehen. Darin war es in dieser Nacht schon sehr kalt. Und draußen war es bestimmt noch kälter. Dann aber siegte ihre Neugier und sie folgten dem Ferkelchen, das bereits an der Stalltür stand und sie auffordernd ansah.

»Da ist der Stern!«, rief das Ferkelchen und zeigte mit seiner Schnauze gen Himmel, als sie sich bereits ein Stück von dem Stall entfernt hatten. »Ich glaube, er ist sogar noch heller geworden!«

Der Ochse und der Esel folgten dem Blick des kleinen Ferkelchens und rissen vor Staunen Augen und Maul weit auf. Einen solchen Stern hatten sie wahrhaftig noch nie in ihrem Leben gesehen.

»So hell«, flüsterte der Esel.

»So groß«, flüsterte der Ochse. »Und er steht tatsächlich genau über unserem Stall.«

»Hört doch mal!«, rief das Ferkelchen plötzlich. »Ich glaube, ich höre Musik!« Die Tiere lauschten in die klare und kalte Nacht, die von dem Stern rund um ihren Stall hell erleuchtet wurde. Und dann hörten sie tatsächlich in der Ferne leise, aber wunderschöne Musik.

»Ob es etwas mit dem Menschenkind zu tun hat, das in eurem Stall geboren wurde?«, fragte das Ferkelchen.

Der Ochse nickte bedächtig. »Ja, das glaube ich. Ich habe gleich gespürt,

dass dieses Kind ein besonderer Mensch ist, von dem wir noch viel hören werden.«

»Ja, du hast recht. Das glaube ich jetzt auch«, gab der Esel nun kleinlaut zu.

»Dann lasst uns wieder hineingehen!«, rief das Ferkelchen. »Ich möchte das Menschenkind sehen!«

Der Ochse sah auf das Ferkelchen hinunter. »Das Kind liegt in der Krippe«, erwiderte er. »Und die ist viel zu hoch für dich, als dass du Knirps dort hineinsehen könntest.«

Das kleine Ferkelchen streckte sich, um ein wenig größer zu erscheinen. »Ich bin zwar klein, aber ich bin auch schlau«, sagte es. »Vielleicht bringe ich seinen Vater ja dazu, mich auf den Arm zu nehmen. Seine Mutter ist bestimmt noch zu schwach dazu.«

»Warum sollte ein Mensch dich kleines Schwein auf den Arm nehmen?«, schnaubte der Ochse. »Und nun verschwinde. Du Knirps hast in unserem Stall nichts zu suchen.«

»Wenn ihr hier sein dürft, dann darf ich das auch!«, rief das Ferkelchen trotzig. »Und wenn ich erst ein großer Eber bin, dann redest du nicht mehr so mit mir!«

Der Ochse und der Esel sahen sich nur an und schüttelten dann ihre Köpfe. Ohne ein weiteres Wort liefen sie zurück in ihren Stall.

Das Ferkelchen folgte ihnen. »Blöder Esel, blöder Ochse«, murmelte es kaum hörbar.

Wieder im Stall angekommen, spürte es gleich, dass der Stall kaum noch vor der Kälte der Nacht schützte. Josef hatte seinen Mantel ausgezogen und Maria darin eingehüllt. Sie war nach der Geburt noch sehr schwach und ihr setzte die Kälte ganz besonders zu. Aber auch Josef fror ohne seinen Mantel und zitterte am ganzen Körper.

»Arme Menschen«, dachte das Ferkelchen. »Sie haben kein Fell wie der Ochse und der Esel und auch keine wärmende Speckschicht, so wie ich.«

Dann lief es zum Ochsen und zum Esel, die bereits an der Krippe standen und mit großen Augen auf das Jesuskind darin blickten.

»Man sieht es gar nicht«, sagte der Esel leise. »Die Menschen haben es mit Stroh zugedeckt.«

Der Ochse nickte. »So wollen sie es wohl vor der Kälte schützen.«

»Ob es wohl genügt?«, fragte der Esel. »Ich glaube nicht, dass Stroh besonders gut wärmt.«

Der Ochse wollte etwas erwidern, kam aber nicht mehr dazu, denn Maria rief plötzlich: »Josef! Sieh doch bitte nach Jesus! Es ist sehr kalt und ich fürchte, das Stroh genügt nicht, um ihn warm zu halten.«

Josef, der seine Frau im Arm gehalten hatte, um sie zu wärmen, stand nun auf und beugte sich über die Krippe. Vorsichtig schob er das Stroh ein wenig zur Seite, um einen Blick auf den kleinen Jesus werfen zu können.

Auch der Esel und der Ochse reckten die Hälse und sahen Josef über die Schulter, um einen Blick auf das Baby erhaschen zu können.

»Und?«, fragte Maria ihren Mann. »Geht es ihm gut?«

Josef seufzte hörbar. »Ich fürchte, es ist ihm tatsächlich zu kalt, Maria. Er hat schon ganz blaue Lippen. Das Stroh genügt nicht, um ihn zu wärmen.«

»Dann decke ihn mit deinem Mantel zu!«, rief Maria und zog den Mantel aus, den Josef ihr gegeben hatte. Sie hielt ihm den Mantel hin, doch Josef schüttelte den Kopf. »Aber dann musst du frieren, Maria. Und du bist doch auch noch so schwach.«

»Ich will mich nicht wärmen, wenn mein Kind frieren muss!«, rief Maria.

Also nahm Josef den Mantel und legte ihn über das Kind in der Krippe. Dann ging er wieder zu Maria, damit sie sich aneinander wärmen konnten.

Der Ochse und der Esel blieben bei der Krippe stehen und beobachteten den kleinen Jesus, der fast ganz unter dem Mantel verschwunden war.

»Ich fürchte, der Mantel genügt nicht«, sagte der Ochse dann leise. »Das kleine Menschenkind zittert immer noch.«

»Das hat man davon, wenn man ohne Fell geboren wird«, sagte der Esel.

»Spar dir deine Sprüche«, fuhr der Ochse den Esel an. »Überlege lieber, wie wir ihm helfen können.«

»Ich hätte da eine Idee!«, rief das kleine Ferkelchen, während es zwischen den Beinen der großen Tiere herumsprang, um auf sich aufmerksam zu machen.

Der Ochse stampfte mit dem Huf auf. »Wenn Erwachsene sich unterhalten, dann sind Knirpse wie du still!«

»Blöder Ochse«, schimpfte das Ferkelchen wieder. Zum Glück schimpfte es so leise, dass der Ochse es nicht hörte.

»Wir können ja erst einmal abwarten«, schlug der Esel vor. »Vielleicht wächst ihm noch ein Fell.«

Der Ochse verdrehte die Augen. »Du bist wirklich der blödeste Esel, dem ich je begegnet bin. Erstens wächst Menschen kein Fell und zweitens können wir nicht abwarten. Im Stall wird es immer kälter und kleine Menschenkinder sind sehr empfindlich.«

»Ich habe eine Idee!«, rief das Ferkelchen.

»Du hast doch gesagt, es sei ein besonderes Menschenkind«, meldete sich auch der Esel zu Wort. »Also wächst ihm vielleicht doch ein Fell.«

»Ruhe!«, rief der Ochse. »Wenn du Plappermaul nicht endlich still bist und mich nachdenken lässt, wie wir dem Kind helfen können, fliegst du aus dem Stall!«

Also schwieg der Esel beleidigt.

Da weder der Esel noch der Ochse sich für die Idee des Ferkelchens interessierten, lief es zu den Menschen. »Vielleicht wollen die ja meine Idee hören«, sagte es dabei mehr zu sich selbst.

Es stellte sich vor Josef und Maria und rief: »Ich könnte euch helfen! Ich habe eine Idee, wie man euren Sohn wärmen könnte!«

»Sieh das Ferkelchen, Josef«, sagte Maria. »Es grunzt, als wollte es uns etwas sagen.«

Josef nickte. » Nur leider können wir es nicht verstehen.«

»So ein Mist!«, rief das Ferkelchen und ließ den Kopf hängen. »Es wäre viel leichter, wenn sie mich verstehen könnten!«

»Wir werden es mit unserem Atem wärmen«, entschied der Ochse.

»Das klappt doch nie!«, rief das Ferkelchen und lief zur Krippe zurück.

»Erstens bin ich dafür zu klein und außerdem habe ich eine andere Idee. Ich könnte nämlich –«

»Dich habe ich auch gar nicht gemeint«, unterbrach der Ochse das Ferkelchen. »Sondern den Esel und mich. Wir schaffen das locker allein.«

»Da bin ich mal gespannt«, erwiderte das Ferkelchen nur.

So stellten sich der Ochse und der Esel neben die Krippe.

»Auf mein Kommando!«, rief der Ochse. »Achtung – Fertig – Jetzt!«

Beide holten tief Luft und atmeten aus. Dabei machten sie allerdings einen Riesenlärm. Aus der Kehle des Esels entwich ein lautes »Iiiaaaa!«, während der Ochse »Muuuhhhh!« brüllte.

Das Jesuskind erschrak darüber so sehr, dass es laut zu weinen begann.

»Was machen die Tiere denn da?«, rief Josef und sprang auf.

»Wir wollten deinen Sohn wärmen«, antwortete der Esel, was Josef natürlich nicht verstand.

Mit der einen Hand fasste er ein Horn des Ochsen und mit der anderen Hand die Mähne des Esels. So zog er die beiden von der Krippe weg.

»Ihr seid auch Geschöpfe Gottes«, sagte er leise zu Ochs und Esel. »Und darum habt ihr auch ein Recht hierzubleiben. Nur erschreckt bitte mein Kind nicht noch einmal.«

»War ja ein toller Plan«, meinte das Ferkelchen, als er mit dem Esel und dem Ochsen in einer Ecke des Stalls stand. »Hat super funktioniert.«

»Weißt du etwas Besseres?«, entgegnete der Esel.

»Und ob! Ich könnte nämlich –«

»Will ich gar nicht wissen«, fiel der Ochse dem Ferkelchen wieder ins Wort.

»Du bist ja nur beleidigt, weil dein Plan nicht geklappt hat!«, rief das Ferkelchen wütend.

Josef saß wieder bei Maria und die beiden hielten sich ganz fest. Dabei beobachteten sie die Tiere auf der gegenüberliegenden Seite des Stalls.

Besonders fiel Maria das kleine Ferkelchen auf, das lauthals quiekte und grunzte und dabei zwischen den Beinen der großen Tiere herumsprang.

»Sieh nur, das Ferkelchen, Josef. Es ist so klein. Nicht, dass der Ochse oder der Esel darauf treten und es verletzen. Wir sollten es in Sicherheit bringen.«

»Ihm wird schon nicht passieren«, erwiderte Josef. »Tiere können gut auf sich selbst aufpassen.«

Maria sah ihren Mann an. »Bitte, Josef!«

Josef nickte, erhob sich seufzend und lief zu den Tieren auf der anderen Seite des Stalls. Dort nahm er das Ferkelchen unter den staunenden Blicken von Ochs und Esel auf den Arm und ging zu Maria zurück.

»Maria hat Angst, dass du dich verletzt«, sagte er und streichelte den Kopf des Ferkelchens. »Komm lieber mit zu uns.«

»Das ist sehr nett von euch!«, rief das Ferkelchen. »Ich habe aber eine bessere Idee! Ich könnte nämlich –«

Es sprach nicht weiter, denn es sah, dass Josef auf dem Weg zu Maria an der Krippe vorbeikam.

»Genau das ist meine Idee!«, rief das Ferkelchen, und genau in dem Moment, als Josef auf der Höhe der Krippe war, sprang es hinein.

Josef erschrak sich und wollte es gleich wieder aus der Krippe holen, doch dann hielt er inne.

»Josef!«, rief Maria. »Nimm das Ferkelchen aus der Krippe! Es könnte unseren Jesus verletzen!«

Doch Josef schüttelte den Kopf. »Es tut ihm nichts. Ganz im Gegenteil.«

Da Maria nicht verstand, was er damit meinte, erhob sie sich von ihrem Lager und ging zu ihrem Mann an der Krippe. So sah auch sie, dass sich das Ferkelchen eng an den kleinen Jesus gekuschelt hatte. Der hörte schon nach wenigen Augenblicken auf zu zittern.

»Es wärmt ihn!«, sagte Josef leise. »Das Ferkelchen wärmt ihn mit seinem Körper!«

»Er hat es verstanden«, grunzte das Ferkelchen zufrieden. »Menschen scheinen doch ein bisschen schlauer zu sein als Ochsen und Esel.«

Und der Esel sagte: »Die Idee von dem kleinen Knirps war aber gut. Das Menschenkind friert nicht mehr.«

»Ja, stimmt«, brummte der Ochse.

Als der kleine Jesus schließlich eingeschlafen war, legte Josef vorsichtig Stroh und auch seinen Mantel wieder über die beiden. Damit verdeckte er das kleine Ferkelchen, sodass es nicht zu sehen war.

Und so kam es, dass das Ferkelchen weder von den Hirten noch von den Heiligen Drei Königen entdeckt wurde, als sie Jesus, Maria und Josef in dem

Stall besuchten. Und deshalb konnten sie auch niemandem davon berichten. So erfuhr auch niemand davon, dass ein kleines Ferkelchen Jesus vor der Kälte, ja vielleicht sogar von dem Erfrieren gerettet hatte. Aber so geht es ja den meisten wahren Helden: sie bleiben unbekannt.

Oliver Pötzsch

Niklas und
die Staub-Schlamuffels

Es war der Morgen vor Heiligabend, und für Niklas war es der blödeste Morgen im ganzen Jahr. Missmutig starrte er auf die Schneeflocken, die draußen vor seinem Fenster vorbeischwebten.

»Blöde Schneeflocken«, murmelte er. »Blödes Christkind.«

Eigentlich freute Niklas sich ja auf das Christkind, sogar sehr. Er hatte extra eine ganz lange Wunschliste geschrieben, damit das Christkind auch ja nichts vergaß. Auf der Liste standen eine Ritterburg, eine Laubsäge, ein paar Bilderbücher, ein Auto-Computerspiel, ein Piratensäbel aus Plastik, ein halbes Dutzend CDs mit Abenteuergeschichten, ein neuer Fußball und eine Carrera-Rennbahn. Niklas wusste, dass das Christkind ihm nicht alles bringen konnte. Es gab ja auch noch andere Kinder. Aber es war bestimmt nicht verkehrt, alles aufzuschreiben. Das Christkind konnte sich dann ja was aussuchen.

Doch so, wie es gerade aussah, würde Niklas diesmal überhaupt nichts vom Christkind bekommen.

»Niklas!«, rief seine Mutter aus der Küche hoch. »Niklaaaas! Zimmer aufräumen! Jetzt!«

»Ich will aber nicht!«, schrie Niklas.

»Tja, dann kommt leider auch kein Christkind.«

»Brmpf. Mir doch egal«, sagte Niklas. »Doofes Christkind.«

Er warf sich auf sein Bett und blickte von dort aus auf das Chaos in seinem Zimmer. Die Legokiste war umgeworfen, sodass die Steine sich wie ein See über den ganzen Teppich ausgebreitet hatten. Dazwischen lagen zerfledderte Comics, eine leere Limonadenflasche, unzählige Kissen, Teddybären, zerknülltes Malpapier, Spielzeugautos und ein paar angemalte Tennisbälle. Er konnte unmöglich das alles hier aufräumen, schon gar nicht an Weihnachten! Das war total unfair! Und überhaupt hatte er schon am Nikolausabend aufgeräumt. Das musste doch reichen!

»Niklas!«, rief seine Mutter erneut von der Küche hoch. »Hast du schon angefangen? Niklaaaas! Denk dran, auch unter dem Bett! Hörst du? Sonst kommt kein Christkind. Ich mein es ernst.«

Niklas stand auf, stampfte ein paarmal laut mit dem Fuß auf, dass seine

Mutter es auch ganz sicher hörte. Dann gab er einem der Tennisbälle einen wütenden Tritt, woraufhin dieser unter das Bett rollte.

»Autsch!«, erklang eine dünne Stimme von dorther, wohin der Ball gekullert war. Und nochmal: »Autsch, uiuiiiiiii!«

Verwundert bückte sich Niklas und blickte unter das Bett. War das etwa die Hauskatze gewesen, die sich dort verkrochen hatte? Aber eine Katze machte doch »Miau« und nicht »Autsch«.

»Hm«, sagte Niklas. »Sehr seltsam.«

Unter dem Bett war es stockdunkel, und er musste blinzeln. Der Staub ließ ihn zweimal laut niesen. Doch dann gewöhnten sich seine Augen an das Dunkel, und er schrie überrascht auf. Dort, auf einem Haufen von Legosteinen, stand ein winziges, sehr haariges Männchen! Es war nicht größer als ein Daumen, sogar noch ein wenig kleiner, mit dichtem Bart und wilder Mähne, auf dem eine rote Schlappmütze saß. Und es sah Niklas sehr, sehr zornig an.

»Flusenstaub und Kekskrümel, kannst du nicht aufpassen!«, schimpfte das Männchen. »Jetzt kann ich wieder ganz von vorne anfangen.« Verärgert deutete es auf den Haufen Legosteine. »Das hier sollte das neue Gehege für die Silberfischchen werden. Und du tollpatschiger Riese hast mit deinem großen Ball alles wieder kaputt gemacht!«

»Wer bist denn du?«, fragte Niklas ein wenig ängstlich. »Etwa ein Geist?«

»Ach, was! Geist, pah!« Das Männchen winkte ab. »Ich bin ein Staub-Schlamuffel. Und ich wohne hier.«

»Du *wohnst* hier?« Erst jetzt sah Niklas, dass weiter hinten, unter einer Ecke des Betts, ein buntes Legohäuschen stand. Daneben befanden sich zerknüllte Taschentücher, die wie kleine weiße Berge aussahen. Grüne und braune Filzstifte lagen überall herum wie gefällte Bäume. An einem verklebten Suppenteller mit Cornflakes, den Niklas wohl mal vor längerer Zeit unters Bett geschoben hatte, stand doch tatsächlich eine Schlamuffelfrau und wusch Wäsche. Drei kleine Schlamuffelkinder rutschten auf alten Kronkorken die Taschentuchhügel hinunter.

»Das ist meine Frau Schlomelda«, stellte der Staub-Schlamuffel seine Familie vor. »Die drei kleinen Nervensägen da drüben heißen Schlomo, Schlomi und Schlama. Ich selbst bin Schlamupf.« Er blickte brummig drein. »Und wenn du nichts dagegen hast, würde ich jetzt gerne wieder den Zaun aufbauen.«

»Aus meinen Legosteinen?«, fragte Niklas verdutzt.

Schlamupf nickte. »Wir verwenden alles, was du unter das Bett schiebst. Schuhkartons, Malpapier, vertrocknete Filzstifte, Legosteine …« Er deutete auf eine zerknüllte Chipstüte in der hinteren rechten Ecke. »Dort ist unsere Kartoffelmine, in der wir Chipskrümel schürfen. Hinter dem Buntstiftwald sind die Teppichflusenfelder, wo wir Staub ernten. Und das hier … He, du kleiner Ausreißer!« Er packte ein winziges silbriges Insekt am Schwanz. Es sah ein wenig aus wie die Urzeitkrebse, die Niklas mal mit seinem Vater im Aquarium gezüchtet hatte. »Das sind unsere Haustiere, die Silberfischchen. Für die baue ich eben gerade ein Gehege, damit sie nicht immer ausbüxen.« Der Staub-Schlamuffel sah Niklas neugierig an. »Du hast nicht zufällig noch ein paar blaue quadratische Legosteine für den Zaun? Und vielleicht auch noch ein Spielzeugauto für Schlomi, meinen Kleinsten?«

»Ui ja, ein Auto!«, rief der kleine Schlomi, der eben zu einer weiteren Schussfahrt auf dem Kronkorken ansetzte.

»Wir wollen auch ein Auto!«, riefen die beiden anderen Schlamuffelkinder. »Dann machen wir ein Wettrennen von hier bis zu den Staubfeldern und wieder zurück!«

Die Schlamuffelmutter seufzte. »Fahrt lieber draußen im Zimmer umher«, mahnte sie. »Dann geht weniger kaputt.«

»Seid ihr denn manchmal auch in meinem Kinderzimmer unterwegs?«, fragte Niklas erstaunt.

Schlamupf nickte eifrig, sodass sein Bart wild auf und ab wippte. »Immer nachts, wenn du schläfst.« Er grinste über beide Ohren. »Bei dir ist es immer so schön unaufgeräumt. Wir Staub-Schlamuffels lieben das! Dein Zimmer ist wie ein einziger riesiger Abenteuerspielplatz.«

»Ich fürchte, das geht jetzt nicht mehr«, flüsterte Niklas. »Meine Mutter hat nämlich gesagt, ich muss mein Zimmer aufräumen. Sonst kommt das Christ-

kind nicht.« Er erschrak. »O, nein! Sie hat auch gesagt, ich muss unter dem Bett aufräumen!«

»Aber … aber das darf nicht sein!«, jammerte Schlamupf. »Dann verlieren wir ja unser schönes Zuhause. Wo sollen wir denn dann hinziehen?« Er raufte sich die Haare. »Beim dreimal verrotzten Taschentuch! Meine arme, arme Familie!«

Auch die kleinen Schlamuffelkinder hatten gehört, was Niklas gesagt hatte. Gemeinsam fingen sie nun an, ganz herzzerreißend zu weinen.

»Wäääähhhh!«, klagten sie und warfen sich in die Arme der Schlamuffelmutter. »Wir wollen hier nicht weg. Bitte, bitte, bitte, nicht wegziehen!«

»Ich rede mit meiner Mutter!«, sagte Niklas entschlossen. Er stand auf und rannte die Treppe hinunter in die Küche, wo seine Mutter gerade die Weihnachtsgans in den Ofen schob.

»Mama, Mama!«, rief Niklas aufgeregt. »Ich kann mein Zimmer nicht aufräumen! Vor allem nicht unter dem Bett!«

Seine Mutter sah ihn erstaunt an. »Warum denn nicht?«

»Weil … weil unter dem Bett, da wohnen die Staub-Schlamuffels. Das sind so kleine bärtige Zwerge. Die haben sich dort ihr Zuhause gebaut, das darf ich nicht kaputtmachen. Und wenn ich jetzt aufräume, dann …«

»Niklas!« Seine Mutter sah ihn streng an. »Keine faulen Ausreden. Du räumst jetzt dein Zimmer auf. Sofort!«

»Aber Mama, hast du nicht gehört? Die Staub-Schlamuffels …«

»Kein Wort mehr von diesen Staub-Schladingsbums!«, unterbrach ihn seine Mutter. »Du räumst jetzt auf. Sonst kommt kein Christkind. Basta!«

Mit gesenktem Kopf ging Niklas wieder nach oben in sein Zimmer. Als er den Staub-Schlamuffels von seinem Gespräch mit der Mutter erzählte, raufte Schlamupf seinen Bart und weinte bitterlich.

»Dann müssen wir gaaaanz weit wegziehen«, jammerte er. »Wir Schlamuffels brauchen die Unordnung, sonst können wir nicht leben. Und im Schlafzimmer deiner Eltern und im Wohnzimmer ist es viel, viel zu sauber. Bäh! Außerdem finden wir kein so schönes Zuhause mehr wie unter deinem Bett.

Erst letzte Woche habe ich das Dach von unserem Lego-Haus fertig gebaut! Das Taschentuchgebirge, unsere blühenden Staubflusenfelder, die Kartoffelmine …«

Seine Stimme brach, und dicke Tränen rannen ihm über die Backen. Von einem Fenster im Lego-Haus aus sahen die Schlamuffelmutter und die drei kleinen Schlamuffelkinder flehend zu Niklas hinüber. Das kleinste Schlamuffel schluchzte und hielt sich am Rock der Mutter fest.

»Ja, wo sollen wir denn wohnen?«, seufzte die Mutter.

»Ach, ich weiß doch auch nicht …«, begann Niklas. Er fühlte sich ganz schrecklich. Doch dann hielt er plötzlich inne.

»Ha, natürlich!«, rief er. »Der Speicher! Wie konnte ich den vergessen?«

Oben im Speicher des Hauses landete immer alles, was keiner in der Familie mehr brauchte. Alte Ski, zerbeulte Koffer, löchrige Schuhe, mottenzerfressene Decken und Kleider, das alte Babyspielzeug von Niklas' kleiner Schwester Lily … Triumphierend ballte Niklas die Fäuste. Der Speicher war ein einziges großartiges Schlamuffel-Land!

»Ich kenne einen Ort, wo ihr wohnen könnt«, flüsterte er. »Und ich hab sogar schon ein Haus für euch. Schaut selbst.«

Vorsichtig öffnete er die Türe hinaus zum Gang. Unten hörte er seine Mutter mit dem Vater reden.

»Der Junge will einfach nicht sein Zimmer aufräumen!«, schimpfte die Mutter eben. »Du musst mit ihm reden. Jetzt! Sonst kommt kein Christkind, das meine ich ernst.«

»Ich rede gleich mit ihm«, erwiderte sein Vater. »Lass mich nur die letzten Weihnachtseinkäufe machen.«

»Ich muss auf alle Fälle noch bei ihm staubsaugen«, sagte die Mutter. »Das habe ich schon seit einer Ewigkeit nicht gemacht.«

»O weh, o weh, staubsaugen!«, jammerte Schlamupf, der die Worte gehört hatte.

»Kommt schnell!«, sagte Niklas leise und hielt die Hand auf, sodass die Schlamuffels darauf Platz nehmen konnten. »Ich bring euch fort von hier, bevor meine Mutter euch mit dem Staubsauger wegsaugt.«

Die Staub-Schlamuffels kletterten auf Niklas' Hand. Vorsichtig trug er sie die Treppe hoch in den obersten Stock. Dort in der Decke war eine kleine Luke, die man mit einer Stange und einem Haken daran öffnen konnte. So leise wie möglich zog Niklas an der Luke, bis sie quietschend aufklappte. Eine Leiter zum Ausziehen tauchte dahinter auf.

»Niklaaaas!«, rief die Mutter von der Küche aus. »Bist du das?«

»Äh ja, Mama«, entgegnete Niklas mit lauter Stimme. »Ich … ich räume gerade auf.«

»Dann ist ja gut. Ich habe schon mit deinem Vater gesprochen. Wenn du in einer Stunde nicht fertig bist, dann …«

»Dann kommt kein Christkind«, ergänzte Niklas seufzend. »Ich weiß.«

Er kletterte die Leiter hoch, wobei er aufpassen musste, dass die Staub-Schlamuffels nicht von seiner Hand fielen.

»Hm, ich rieche Staub«, sagte Schlamupf und hüpfte auf Niklas' Hand auf und ab. »Viel, viel Staub!«

»Hab ich doch gesagt«, erwiderte Niklas lächelnd. »Und nun schaut selbst.«

Er betrat den Speicher, und die Schlamuffels jauchzten vor Glück. Alles war so, wie Niklas es in Erinnerung hatte. Hier unter dem Dach war es düster und stickig. Im letzten Nachmittagslicht waren etliche Regale zu erkennen, vollgestellt mit fleckigen Büchern, zersprungenen Kaffeetassen, alten Puzzles, einem zerkratzten Plattenspieler und etlichen zerbeulten komischen Hüten von Niklas' Großmutter. Am Boden standen weitere Kisten, aus denen allerlei Gerümpel quoll. Staub rieselte wie Schnee von den Deckenbalken.

»Das ist ja wunderbar!«, jauchzten die Schlamuffelkinder. »So viel Staub! Hier wollen wir wohnen!«

»Und ein Zuhause habe ich auch schon für euch«, sagte Niklas augenzwinkernd. Mit den Schlamuffels auf der Hand ging er hinüber zu einem Regal, auf dem die alte Weihnachtskrippe stand. Sein Vater hatte erst kürzlich die neue Krippe gekauft, die sich nun unten im Wohnzimmer befand. Die alte war ein wenig schief; im moosigen Dach klafften ein paar Löcher, die Krippenfiguren waren aus Gips, von denen die Farbe abblätterte. Aber die Schlamuffelkinder fanden sie ganz wunderbar.

»Seht mal, ein Ochse und ein Esel, auf denen wir reiten können!«, rief Schlomo. »Und dahinten gibt es sogar einen Stall für unsere Silberfischchen!«

»Juhu, und eine Wiege für meine Schlamuffel-Puppen gibt es auch!«, jauchzte die kleine Schlomi.

Gemeinsam kletterten sie von Niklas' Hand aufs Regal und sahen sich neugierig in der Weihnachtskrippe um. Schon bald hatten die Schlamuffelkinder einen Wollfaden gefunden, an dem sie vom Regal nach unten kletterten. Aufgeregt tobten sie durch den Speicher, während die Schlamuffelmutter ihr neues Zuhause einrichtete. Sie nickte zufrieden.

»Ich glaube, hier gefällt es uns sogar noch besser als unter deinem Bett«, sagte Schlomelda. »Vielen Dank, Junge!«

Auch Schlamupf bedankte sich überschwänglich bei Niklas. Gerne wollte der Schlamuffelvater mit ihm noch die letzten Kekskrümel aus seinem Reiseproviant teilen. Doch Niklas winkte ab.

»Ich muss jetzt schnell wieder nach unten und aufräumen«, sagte er. »Sonst kommt das Christkind nicht. Ich besuch euch später wieder.«

Niklas eilte nach unten und begann nun endlich, sein Zimmer aufzuräumen. Normalerweise brauchte er dafür einen halben Tag, doch diesmal ging alles viel, viel schneller. Eigentlich wunderte sich Niklas, warum das Aufräumen sonst immer so lang gedauert hatte. Schon nach einer knappen Stunde war er fertig. Als die Mutter ins Zimmer kam, blieb ihr vor Staunen der Mund offen stehen.

»Du hast ja wirklich super aufgeräumt«, sagte sie schließlich und blickte prüfend unter das Bett. »Hm, und sogar gestaubsaugt hast du schon. Das wollte doch ich machen.« Sie runzelte die Stirn. »Dann hast du wohl auch den Staubsaugerbeutel weggeworfen.. Als ich vorher nach ihm geschaut habe, konnte ich ihn jedenfalls nirgendwo finden.«

»Ach, der war voll.« Niklas grinste. »Und ich weiß jemand, der ihn wirklich gut gebrauchen kann.«

Die Mutter lachte und gab ihm einen Kuss. »Nun fang bloß nicht wieder mit deinen Staub-Schladingsbums an!«

Nur kurz darauf kam der Vater von den letzten Einkäufen zurück. Zusammen mit Niklas' kleiner Schwester Lily hatte er noch Kerzen und Lametta für den Christbaum gekauft. Schon bald war Bescherung, die Kerzen leuchteten, und sie sangen gemeinsam Weihnachtslieder. Niklas bekam zwar nicht alles vom Christkind, was er sich gewünscht hatte, aber doch so einiges.

Die Mutter strich ihm anerkennend über den Kopf. »Wirklich toll, dass du dein Zimmer so schön aufgeräumt hast«, lobte sie. »War doch gar nicht so schwierig, oder?«

»Nein, überhaupt nicht«, gab Niklas zu. »Darf ich jetzt nach oben gehen und dort meine neue Ritterburg aufbauen?«

Die Eltern sahen sich verblüfft an. »Willst du nicht noch ein bisschen hier unten beim Christbaum bleiben?«, fragte sein Vater. »Du kannst die Burg doch auch hier aufbauen.«

»Lieber oben«, sagte Niklas.

Er nahm sich die Kiste mit den Bauteilen und eilte die Treppe hoch. Allerdings ging er nicht in sein Zimmer, sondern weiter bis zum Speicher.

»Frohe Weihnachten, liebe Schlamuffels!«, sagte Niklas leise, als er durch die Luke kletterte. Er wedelte mit dem Staubsaugerbeutel, den er vorher noch aus einem Versteck unter dem Badezimmerwaschbecken gefischt hatte. »Ich hab euch einen ganzen Sack mit leckeren Staubflusen mitgebracht.«

»Juhu, Staubflusen!« Die Staub-Schlamuffels rannten ihm begeistert entgegen.

»Und was ist das?«, wollte Schlamupf wissen und deutete auf die Kiste in Niklas' anderer Hand.

»Das ist eine Ritterburg«, erklärte Niklas stolz. »*Eure* Ritterburg. Es ist mein

Weihnachtsgeschenk für euch. Dann habt ihr auch noch ein zweites Zuhause, wenn es euch in der Weihnachtskrippe mal zu eng wird.«

Gemeinsam mit den Schlamuffels baute Niklas oben im Speicher die Ritterburg auf. Die Schlamuffelkinder zimmerten das Dach, während Vater Schlamupf die Zinnen auf die Türme setzte und Mutter Schlomelda den Burgbrunnen in Augenschein nahm.

Erst viel später kam Niklas wieder hinunter ins Wohnzimmer zu seiner Schwester und den Eltern, die bereits am gedeckten Tisch saßen.

»Was hast du denn da oben so lange gemacht?«, wollte die Mutter wissen und legte eine Gänsekeule auf Niklas' Teller.

»Och, ich habe nur eben die Burg aufgebaut«, sagte er zwischen zwei Bissen. »Übrigens, vielen Dank auch ans Christkind. Wir, äh … ich habe mich sehr darüber gefreut.« Er zwinkerte. »Und wenn ich nächstes Jahr eine Carrera-Bahn bekomme, dann kenne ich drei Kinder, die damit gerne mal eine Wettfahrt machen würden.«

Seine Eltern lachten. »Na, ich weiß zwar nicht, wer diese Kinder sein sollen«, sagte sein Vater. »Aber wenn du weiterhin so toll dein Zimmer aufräumst, dann kann ich ja schon mal mit dem Christkind reden.«

»Das wäre sehr schön«, erwiderte Niklas mit leisem Lächeln.

Nur er hörte, wie jemand sehr Kleines irgendwo ganz weit weg vor Freude laut aufjauchzte.

Ulrike Kuckero

Die Überraschung

I ch weiß schon, was ich euch zu Weihnachten schenke«, verkündete Kleiner Bär stolz.

»So?«, sagte Mama Bär und schraubte den Honigtopf für die Plätzchen auf. »Da bin ich aber gespannt.«

»Ja, das wird eine tolle Überraschung«, sagte Kleiner Bär. »Und ich verrate nicht, dass es ein Super-Holzuntersetzer für den Milchtopf ist.«

»Ha, jetzt hast du es verraten!«, rief Schwester Bär und lachte. »Du hast es verraten, du Dummerchen. Jetzt wissen wir deine Überraschung schon!«

Erschrocken schlug Kleiner Bär die Tatzen vors Gesicht. Oje! Was hatte er getan!

Mama Bär warf Schwester Bär einen mahnenden Blick zu, bückte sich und schien jede Menge Backsachen in der untersten Schublade zu suchen.

»Ich hab nichts gehört«, ächzte sie und polterte mit den Töpfen.

»Aber ich!«, rief Schwester Bär. »Er will …«

»Gar nichts will Kleiner Bär«, fiel Mama Bär ihr ins Wort und richtete sich wieder auf. »Er hat eine Überraschung für Weihnachten. Das ist wunderbar. Wir wollen doch nicht, dass Kleiner Bär seine Überraschung verrät!«

»Hat er aber, hat er aber!«, rief Schwester Bär und sprang durch die Küche.

»Gar nicht!«, entgegnete Kleiner Bär, und seine Stimme zitterte vor Schreck. »Ich hab gar nichts verraten, weil es sowieso nicht stimmt.«

Er dachte an den wunderschönen Holzuntersetzer, den er im Kindergarten mit einer richtigen Feile und Schmirgelpapier ganz glatt gefeilt und geschmirgelt hatte, und der jetzt in Geschenkpapier eingewickelt unter seinem Kopfkissen lag. Oje, nun hatte er die schöne Überraschung verraten! Was sollte er jetzt nur tun?

Verzweifelt rannte er in sein Zimmer und warf sich aufs Bett. Unter dem Kissen knisterte die Überraschung. Aber nun war sie keine Überraschung mehr, dachte Kleiner Bär und drückte das Gesicht ins Kissen. Am Geschenke-Schenken war doch das Allerschönste, dass es eine Überraschung war! Und dass Mama und Papa Bär vor Spannung die Luft anhielten beim Auspacken. Und dass sie dann, wenn sie die Überraschung ausgepackt hatten, vor Freude lachten und sagten, was das für eine fantastische Überraschung war.

Aber jetzt war es keine Überraschung mehr. Jetzt konnte er das Geschenk ebenso gut wegwerfen.

Mit einem Satz zerrte Kleiner Bär die Überraschung, die nun keine mehr war, unter dem Kissen hervor, schob sie unter seinen Pulli und lief damit hinaus in den Garten.

»Gehst du spielen?«, rief Mama Bär aus der Küche, wo es wunderbar nach Honigplätzchen duftete.

»Ja!«, rief Kleiner Bär und knallte die Tür hinter sich zu. Mit finsterem Gesicht stapfte er zur Mülltonne, die hinter dem Haus stand, hob den Deckel hoch und pfefferte die Überraschung, die keine mehr war, hinein. Dann hockte er sich hinter den hintersten Busch und legte den Kopf auf die Knie.

Nach einer Weile kam Mama Bär heraus und rief nach ihm.

»Kleiner Bär, bist du im Garten?«

Kleiner Bär antwortete nicht. Er dachte an seine Überraschung, die nun keine mehr war, wie sie in der Mülltonne lag und morgen vom Müllauto abgeholt werden würde. Ha!, dacht der kleine Bär grimmig. Dann bist du auf dem Müllberg, du blöde Keine-Überraschung!

Schließlich jedoch, als Mama Bär in den Garten hinauskam und ihn hinter dem hintersten Busch fand, kam der kleine Bär endlich zurück ins Haus und ließ sich warme Milch und ein paar Honigplätzchen zum Probieren geben.

Schwester Bär sagte kein Piep und kein Pap und rollte nur mit den Augen. Kleiner Bär beschloss, ebenfalls kein Piep oder Pap zu sagen und einfach nur ins Bett zu gehen.

Am nächsten Morgen hörte Kleiner Bär schon früh die Müllabfuhr auf der Straße mit den Mülleimern klappern. Ha!, dachte er. Jetzt verschwindet meine Keine-Überraschung! Aber dann fiel ihm ein, dass er nun kein Geschenk für Mama und Papa Bär haben würde.

Egal, beschloss er. An diesem Weihnachten gab es eben kein Geschenk. Basta.

Am diesem Tag war Kleiner Bär nicht so fröhlich wie sonst.

»Freust du dich gar nicht auf morgen? Dann ist doch endlich Weihnachten!«, sagte Mama Bär besorgt.

»Alles paletti«, sagte Kleiner Bär und versuchte, nicht an seine weggeworfene Überraschung zu denken.

»Wenn das heißt, dass alles gut ist, ist es ja gut«, murmelte Mama Bär und schlug vor, die Fenster wie in jedem Jahr am Tag vor Weihnachten zu schmücken. Begeistert fing Schwester Bär an, die bunten Bienchen und Honigtöpfe aufzuhängen.

»Keine Lust«, sagte Kleiner Bär und ging in sein Zimmer. Dort versuchte er zu malen oder mit den Autos zu spielen, aber insgeheim dachte er nur an seine schöne Überraschung, die jetzt auf dem Müllberg lag. Wo der wohl war, der Müllberg?, fragte er sich und stellte sich vor, er würde zu diesem Müllberg laufen und im Müll graben, bis er sein Geschenk gefunden hatte.

Das war natürlich Unsinn. Man konnte nicht einfach zum Müllberg gehen und dort was suchen, soviel war sicher. Dennoch konnte der kleine Bär nicht aufhören, daran zu denken. In Gedanken hatte er seine Überraschung sofort im riesigen Müllberg gefunden, weil sie in solch schönem Weihnachtspapier mit kleinen Bären und vielen Honigtöpfen eingewickelt war und schon von Weitem golden leuchtete.

Am Morgen des Heiligabend gab es viel zu tun, und Mama und Papa Bär verschwanden im Wohnzimmer. Kleiner Bär zog seine Spielhose an und lief in den Garten. Und weil es dort langweilig war und die leere Mülltonne ein so furchtbarer Anblick war, ging Kleiner Bär hinaus auf die Straße und dann weiter die Straße hinunter. Als er um zwei Ecken gebogen und über eine Straße gegangen war, blieb er stehen und sah sich um. Da vorne war der Kindergarten. Und weiter die Straße hinunter käme man zum großen Park. Und von dort aus noch einmal um einige Ecken, und schon war man am Müllberg, soviel war sicher.

Kleiner Bär zögerte. Sollte er wirklich weitergehen? Noch nicht einmal zum Kindergarten durfte er alleine gehen, auch wenn er den Weg ganz genau wusste.

Aber heute war der Morgen von Heiligabend und alle hatten viel zu tun. Die Leute hasteten über die Straßen, bepackt mit Taschen und Paketen, und schauten nicht nach links und nicht nach rechts. Nein, niemand würde heute bemerken, dass ein kleiner Bär ganz allein zum Müllberg wanderte. Und zur Bescherung wäre er rechtzeitig zurück. Mit der Überraschung.

Kleiner Bär holte tief Luft, und dann stapfte er los. Kaum war er zehn Schritte gelaufen, blieb er wieder stehen. Ging es hier wirklich zum Müllberg? Wenn nicht, dann wollte Kleiner Bär lieber nicht weiterlaufen. Denn dann konnte man sich verlaufen und nicht wieder nach Hause zurückfinden.

Gerade als Kleiner Bär überlegte, ob es wirklich eine kluge Idee wäre, ganz allein zum Müllberg zu wandern, kam Frau Fuchs eilig um die Ecke. Sie trug einen Rucksack voller Weihnachtseinkäufe auf dem Rücken, und ganz oben schauten zwei Hühnerbeine hervor.

»Guten Tag, Frau Fuchs«, sagte Kleiner Bär höflich.

»Nanu, Kleiner Bär«, sagte sie und blieb stehen. »So ganz allein auf der großen Straße? Wo willst du denn hin? Etwa … äh … Hühnchen besorgen?«

»Hühnchen? Nein, nein«, antwortete Kleiner Bär verwirrt und starrte auf die Hühnerbeine, die oben aus dem Rucksack schauten und hin und her wippten. »Ich muss zum Müllberg. Können Sie mir den Weg dorthin zeigen?«

»Ach was!«, sagte Frau Fuchs und fuhr sich mit der Zunge über die Lippen. »Kein Hühnchen? Was willst du denn am Müllberg? Und noch dazu am Morgen von Heiligabend?«

»Ich muss meine Überraschung finden«, erklärte Kleiner Bär.

»Soso«, entgegnete Frau Fuchs und schaute sich flink um. »Aber deine Überraschung ist ein Hühnchen, nicht wahr?«

Ihre Augen blitzten.

»Aber nein! Kein Hühnchen!«, rief Kleiner Bär ungeduldig. »Meine Überraschung ist …« Doch dann verstummte er. »Kann ich nicht verraten«, murmelte er.

»Soso. Hab's grad ein bisschen eilig«, sagte Frau Fuchs und sah sich wieder flink um. »Also gut, ich bring dich ein Stück Wegs. Immer geradeaus, würd ich sagen.«

Erleichtert trottete Kleiner Bär neben ihr her. Frau Fuchs würde schon wissen, wo der Müllberg war, dachte er und stellte sich vor, wie er seine Überraschung sofort zwischen all dem Müll finden würde, weil sie so schön und golden leuchtete, und wie er schnell zurück nach Hause laufen würde, und wie Mama und Papa Bär sich über die Überraschung freuen würden.

Doch nach ein paar Schritten blieb Frau Fuchs stehen.

»Weiter kann ich leider nicht mit dir gehen«, sagte sie und senkte die Stimme. »Siehst du das grüne Haus dort? Da wohnt der Jäger«, flüsterte sie, zwinkerte dem Kleinen Bär vielsagend zu und zog den Rucksack straffer, dass die Hühnerbeine hinter ihren Ohren wackelten.

»Außerdem muss ich noch … äh … was für meine Kleinen besorgen! Fröhlichen Weihnachtsbraten!«

Damit drehte sie sich um und war verschwunden.

Kleiner Bär schluckte. Aber er würde auch ohne Frau Fuchs den Müllberg finden. Immer geradeaus, hatte sie gesagt. Das war nicht schwer. Also stapfte Kleiner Bär los, immer geradeaus. Schließlich wollte er wieder zu Hause sein, bevor es dunkel wurde. Kurz schaute er zum Himmel, wo die Sonne rote und goldene Fäden in die Wolken schickte. Nur schnell weiter, bevor die Sonne unterging!

Kaum war Kleiner Bär ein paar Schritte gelaufen, kam Herr Eichhorn angehüpft.

»Du meine Güte, was tut denn ein kleiner Bär hier draußen ganz allein?«, rief er und ließ seinen buschigen Schwanz aufgeregt hin- und herfahren.

»Muss zum Müllberg«, entgegnete Kleiner Bär. »Meine Überraschung holen.«

»Überraschung?«, fragte Herr Eichhorn und spitzte die Lippen. »Etwa ein Sack voller leckerer Haselnüsse?«

»Keine Haselnüsse«, sagte Kleiner Bär. »Und kein Hühnchen. Wo geht's denn nun zum Müllberg?«

»Zum Müllberg?«, fragte Herr Eichhorn und zwinkerte aufgeregt. »Wieso denn Müllberg?«

»Hab die Überraschung aus Versehen in den Müll geworfen«, sagte Kleiner Bär knapp. »Geht's immer geradeaus?«

Herr Eichhorn drehte sich um und sah die Straße hinunter. Dann warf er dem kleinen Bär einen scharfen Blick zu.

»Würde sagen, erst auf der Buche den langen unteren Ast entlang, dann rüber zur Eiche und den langen oberen Ast entlang, dann ganz runter und vorbei an den Verstecken mit den Haselnüssen, danach hoch in die Birke und vorbei an dem Versteck mit den Walnüssen und …«

»Danke«, sagte Kleiner Bär. »Kennst du einen Weg, den auch Bären laufen können?«

Herr Eichhorn verstummte und schien nachzudenken. Dann hüpfte er über die Straße und rief: »Also gut, ein kleines Stück Wegs kann ich dich bringen. Hab ja nicht viel Zeit heute. Schließlich ist gleich Heiligabend und ich muss noch einen ganzen Sack voller Nüsse …«

Mehr konnte Kleiner Bär nicht verstehen, weil Herr Eichhorn immer schneller voraushüpfte und sich hin und wieder auf einen Ast schwang.

Plötzlich hielt Herr Eichhorn an und setzte sich aufrecht vor den kleinen Bär. »Weiter kann ich nicht mitkommen, hab ja noch so viel zu tun bis heute Abend. Leckere Walnüsse und Haselnüsse ausgraben«, sagte Herr Eichhorn.

»Oh.« Kleiner Bär schaute sich um. Kein Müllberg weit und breit. »Und wo geht's denn zum …«

»Immer geradeaus, würd ich sagen!«, rief Herr Eichhorn eilig und war schon ganz oben in der Baumkrone. »Viel Glück und fröhliche Weihnachtsnüsse!«

»Danke«, murmelte Kleiner Bär und vergaß zu fragen, wie weit es wohl noch wäre.

Tapfer stapfte Kleiner Bär weiter die Straße entlang, immer geradeaus. Bald kam er an eine Kreuzung, und der Weg gabelte sich nach links und nach rechts. Geradeaus gab es nur einen Zaun.

Kleiner Bär blieb stehen. Was nun?

Doch es war niemand da, den er hätte fragen können. Niemand kam, um ihn ein Stück zu begleiten.

Kleiner Bär setzte sich auf einen dicken Stein. Jetzt erst merkte er, wie müde und hungrig er war. Er schaute sich um. Gab es hier irgendwo leckere Beeren? Oder gar einen Honigtopf?

Doch nein, nirgends stand ein Honigtopf herum. Nur ein paar vertrocknete Hagebutten hingen am Wegrand. Plötzlich fielen dem Kleinen Bär Mama Bärs Honigplätzchen ein, und ein Ziehen und Zerren im Bauch trieb ihm Tränen in die Augen.

Nach Hause!, dachte Kleiner Bär. Ich will nach Hause!

Gerade wollte Kleiner Bär umkehren, als plötzlich ein Rascheln und Schnaufen zu hören war. Aus dem dichten Gebüsch wühlte sich Herr Wildschwein hervor. Er hielt den Rüssel dicht am Boden und schmatzte laut.

»Hmm, lecker Schnecke«, grunzte er, stieß seine großen Zähne in den Boden und schaute dann auf. »Nanu, ein kleiner Bär?«

Vor Schreck war Kleiner Bär ein paar Schritte zurückgewichen. Dieses große schwarze Tier sah mit seinen dicken Zähnen und dem merkwürdigen Rüssel wirklich furchterregend aus. Doch seine Augen blickten freundlich, und seine Stimme klang ein wenig wie die von Papa Bär. Also schöpfte Kleiner Bär neue Hoffnung und sagte: »Guten Tag, Herr Wildschwein. Wissen Sie den Weg zum Müllberg?«

»Müllberg?«, wiederholte Herr Wildschwein verwundert. »Was will denn ein kleiner Bär am Müllberg?«

»Ich will meine Überraschung zurückholen«, sagte Kleiner Bär und behielt die langen Zähne scharf im Blick.

»Überraschungen sind nicht auf dem Müllberg«, erklärte Herr Wildschwein und grunzte zur Bekräftigung. »Überraschungen sind in der Erde.«

Wie zum Beweis stieß er Zähne und Rüssel in die Erde und wühlte einen dicken Regenwurm hervor.

»Meine schon«, sagte Kleiner Bär schüchtern.

»Aha. Na, dann immer geradeaus, würd ich sagen«, grunzte Herr Wildschwein, wühlte weiter in der Erde und und zerrte eine lange Wurzel hervor.

»Hier gibt's kein Geradeaus. Geradeaus ist der Zaun«, wandte Kleiner Bär ein.

»Papperlapapp«, entgegnete Herr Wildschwein. »Musst dich nur zur Seite drehen und schon gibt es wieder ein Geradeaus. Siehst du?«

Mit diesem Worten drehte Herr Wildschwein seinen mächtigen Körper zur Seite. »Da lang!«, fügte er zufrieden hinzu, kaute auf der Wurzel und wies mit seinem Rüssel den rechten Weg entlang. »Muss leider weiter, hab's heut eilig. Fröhliches Weihnachtswühlen!«, rief er, schob sich zurück ins Gebüsch und war schon verschwunden.

Kleiner Bär ging also geradeaus, und erst nach einer Weile fiel ihm ein, dass er wieder nicht gefragt hatte, wie weit es wohl bis zum Müllberg war.

Und wenn es noch sehr weit wäre?, dachte er. So weit, dass er erst in der Dämmerung ankam? Dann würde er es wohl nicht mehr bis zur Bescherung nach Hause schaffen. Dann würden Mama und Papa Bär mit Schwester Bär alleine feiern und ohne ihn die Kerzen am Tannenbaum anzünden und ohne ihn Lieder singen, Honigplätzchen essen und Geschenke auspacken.

Kleiner Bär dachte an die herrlichen Honigplätzchen, die Mama Bär gebacken hatte, und die jetzt sicherlich auf dem Tisch standen, und alle saßen drum herum und warteten auf ihn.

Da bekam Kleiner Bär ein schreckliches Heimweh. Er wollte nach Hause. Sofort! Das Heimweh war so fürchterlich, dass Kleiner Bär Schluckauf und Magendrücken zugleich bekam. Er drehte sich um und lief den Weg zurück, bis zur Stelle, wo Herr Eichhorn leckere Nüsse ausgraben wollte. Schnell rannte er weiter, erst an der Birke, dann an der Eiche, und schließlich an der Buche vorbei. Hier hielt er an.

War es hier richtig? Hatte ihn hier Frau Fuchs verlassen? Atemlos schaute Kleiner Bär in die Seitenstraße. Aha. Da stand das grüne Haus vom Jäger. Also weiter.

Je schneller Kleiner Bär rannte, umso mehr Sehnsucht bekam er nach Mama und Papa Bär. Und – wie seltsam! – die Überraschung auf dem Müllberg war ihm jetzt auf einmal piepschnurzegal! Wenn er nur schnell nach Hause kam, in die warme Stube, wo Mama und Papa Bär den Tannenbaum schmückten und Schwester Bär die Kerzen aufsteckte.

So schnell er konnte, lief Kleiner Bär die lange Straße hinauf bis zum Park. Dann weiter an die Ecke, wo es zum Kindergarten ging. Dann weiter und …

»Kleiner Bär! Was machst du denn hier draußen!«, hörte er da eine Stimme. Es war eine liebe Stimme, eine, die er jetzt so gern hören wollte. Und schon hielt Mama Bär ihn in ihren festen Armen und drückte ihn in ihr weiches Fell. »Wir suchen dich schon überall!«

Kleiner Bär schloss die Augen. Er sog den Duft nach Mama Bär und Honig und Butter und Tannenbaum ein.

»Was um aller Welt hast du hier zu suchen!«, schimpfte Mama Bär jetzt mit sanfter Stimme und drückte den Kleinen Bär weiter an sich. »Du darfst doch nicht so weit fortgehen, ohne Bescheid zu sagen!«

Mama Bär nahm den Kleinen Bär auf den Arm und trug ihn nach Hause.

»Kannst du mit deinen Streichen nicht warten, bis Weihnachten vorbei ist?«, empfing ihn Schwester Bär zu Hause.

Kleiner Bär fand nicht, dass er einen Streich gemacht hatte, doch er sagte nichts. Es roch so herrlich nach Äpfeln und Zimt und Nüssen und Honig und Plätzchen. Es roch einfach nach Weihnachten, dachte er und schloss kurz die Augen vor lauter Glück. Dann setzte er sich an den Tisch und nahm sich eine ordentliche Tatze voll Plätzchen.

»Wo warst du denn so lange?«, fragte Papa Bär und stellte den Milchtopf auf den Tisch.

Mit einem Schlag fiel dem Kleinen Bär seine Überraschung wieder ein. Sein selbst gefeilter und geschmirgelter Milchtopf-Untersetzer lag noch immer auf dem Müllberg!

Kleiner Bär musste schlucken. Ein Kloß steckte in seinem Hals. Oh, er hatte alles versucht, um den Müllberg zu finden! Er hatte fremde Leute gefragt, die ihm den Weg gezeigt hatten, und trotzdem hatte er es nicht bis zum Müllberg geschafft. Nun lag sie da, seine Überraschung, und niemand würde sich über sie freuen.

Eine Träne tropfte auf das Tischtuch.

»Nun ist doch alles gut«, murmelte Mama Bär, strich dem Kleinen Bär über den Kopf und legte noch ein paar Plätzchen auf seinen Teller.

»Ich auch«, sagte Schwester Bär und hielt ihren Teller hin. Dann zog sie den Kleinen Bär ins Kinderzimmer, um dort bis zur Bescherung mit ihm zu spielen.

Als es schließlich so weit war und die Glocke ertönte und die Stubentür sich öffnete und ein Strahlen von vielen Kerzen alle Gesichter erhellte, nahm sich Kleiner Bär vor, gleich im neuen Jahr einen neuen Milchtopfuntersetzer zu feilen und zu schmirgeln, um ihn dann …

Da klingelte es.

Zunächst bemerkte es niemand. Dann klingelte es noch einmal.

»Der Weihnachtsmann!«, rief Schwester Bär und stürmte in den Flur.

Mama und Papa Bär warfen sich fragende Blicke zu. Kleiner Bär stand vor dem Tannenbaum und überlegte gerade, ob er den neuen Milchtopfuntersetzer Mama Bär vielleicht zum Geburtstag schenken sollte, als er eine tiefe Stimme hörte.

»Ist Kleiner Bär zu Hause?«

Ein Schreck fuhr dem Kleinen Bär in die Glieder. War das vielleicht der Jäger, der gesehen hatte, dass Frau Fuchs Hühnchen besorgt und mit dem Kleinen Bär gesprochen hatte? Schnell huschte Kleiner Bär hinter den Sessel.

»Aber kommen Sie doch herein«, hörte er Papa Bär sagen. »Was gibt's denn so Dringendes?«

»Wir sind gerade bei der Bescherung«, hörte er Mama Bär sagen.

»Und ich dachte, Sie wären der Weihnachtsmann«, höre er Schwester Bär enttäuscht sagen.

»Nun, das ist es ja gerade«, sagte die tiefe Stimme und kam näher. Dann ging die Tür zur Stube auf, und herein kam Nachbar Dachs.

»Herr Dachs möchte dich sprechen«, sagte Papa Bär und warf dem Kleinen Bär einen fragenden Blick zu.

Kleiner Bär kam hinter dem Sessel vor. Herr Dachs trat auf ihn zu, wobei er die Hände auf dem Rücken hielt.

»Kleiner Bär, du weißt sicher, dass ich bei der Müllabfuhr arbeite«, sagte Herr Dachs. »Als ich nun heute früh eure Mülltonne leeren wollte, fiel mir ein wunderschön eingepacktes Paket auf, das obenauf lag. Da hab ich mir gedacht …«

Nachbar Dachs zog seine Hände hervor und hielt darin etwas, das in golden leuchtendes Papier gewickelt war, mit lauter Bienen und Honigtöpfen und kleinen Bären darauf.

Kleiner Bär dachte, sein Herz würde aus der Brust herausspringen, so kräftig schlug es. Er wollte etwas sagen, doch seine Stimme gehorchte ihm nicht.

»Äh«, krächzte er nur. »Das ist …«

»Das ist ja deine Überraschung!«, rief Schwester Bär.

»Dachte ich mir's doch«, sprach Nachbar Dachs weiter. »Da hab ich mal die Überraschung aus der Tonne gefischt. Wäre doch schade, wenn sie in der Müllverbrennung landet.«

Kleiner Bär dachte, er hätte sich verhört.

»Müllberg«, sagte er. »Ich wollte zum Müllberg und sie suchen.«

»Müllberg?«, sagte Nachbar Dachs. »Ach, den gibt es doch schon lange nicht mehr! Unser Müll wird verbrannt.«

»Aber …«, sagte Kleiner Bär.

»Also«, sagte Nachbar Dachs, »hier ist sie, deine Überraschung.«

Wie im Traum griff Kleiner Bär nach dem Paket, fühlte das knisternde Papier in den Tatzen und roch den leichten Duft nach frischem Holz, der daraus emporströmte. Sein superschöner, selbst gefeilter und geschmirgelter Milchtopfuntersetzer!

»Danke!«, brachte er hervor und wäre Nachbar Dachs beinahe um den Hals gefallen.

»Wie nett von Ihnen!«, sagte Papa Bär und schüttelte Nachbar Dachs die Pfote. Auch Mama Bär bedankte sich und gab Herrn Dachs eine Tüte mit den leckeren Honigplätzchen mit.

Kleiner Bär sah, wie Nachbar Dachs ihm zuwinkte. Kurz musste er an Frau Fuchs und ihre Hühnchen denken, an Herrn Eichhorn mit den Weihnachtsnüssen und an die Schnecken von Herrn Wildschwein. Kein Müllberg also, dachte kleiner Bär und war froh, dass er nicht noch weiter gelaufen war.

»Das war nun aber mal wirklich eine Überraschung«, sagte Mama Bär und umarmte den Kleinen Bär. »Wie schön, dass unser Nachbar Dachs dein Geschenk gefunden hat. Und du wolltest wirklich bis zum Müllberg laufen, obwohl es den gar nicht gibt?«

Kleiner Bär nickte und freute sich schon auf die Überraschung von Mama und Papa Bär, wenn sie sein Geschenk auspackten.

Otfried Preußler

Das Eselchen
und der kleine Engel

Es war einmal ein kleiner Esel, der war erst kürzlich zur Welt gekommen. Der Schnee auf den Feldern und Wiesen lag mindestens einen halben Meter hoch, in den Wäldern klirrte der Frost. Das Eselchen rekelte sich im Stall auf dem Stroh, seine Mutter wärmte es zärtlich mit ihrem Atem. Manchmal erzählte sie ihm zum Einschlafen die Geschichte von jener Eselin, die vorzeiten im Stall zu Bethlehem das liebe Jesulein in der Krippe mit ihrem Atem hat wärmen dürfen, gemeinsam mit einem Ochsen: Das war nun schon tausend und tausend Jahre her.

Immer wieder musste sie dem Eselchen die Geschichte vom Gotteskind in der Krippe erzählen; es schlief sich so schön dabei ein, während draußen der Wind um den Stall fuhr.

Eines Tages erwachte das Eselchen – aber wo war die Mutter? Das Eselchen spitzte die Ohren, es blickte sich ängstlich um. Da gewahrte es nahe der Stalltür ein kleines Mädchen – oder war es ein kleiner Junge?

Nahe der Tür stand ein kleiner Engel, er trug eine Pudelmütze und warme Hosen, er trug eine dicke Jacke, ein wollenes Tuch um den Hals, im Übrigen war er barfuß: Das Kind mit den nackten Füßen musste wirklich ein Engel sein.

»Du suchst deine Mutter?«, sagte der kleine Engel. »Die ist doch im Stall zu Bethlehem bei der Krippe, dort wärmt sie mit ihrem Atem das liebe Jesulein. Soll ich dich hinführen? – Es ist gar nicht weit.«

Was sollte der kleine Esel dem Engel antworten? Er stieß ein lautes I-A aus, das hörte sich an wie ein freudiges Ja.

Im Dorf war es dämmrig geworden. Mit roten Wangen und roten Ohren kamen die Kinder vom Schlittenfahren zurück. Wohin sie denn wollten, das Eselchen und der Engel?

»Wir wollen zum lieben Jesulein in der Krippe, im Stall von Bethlehem.«

Ja so? Die Kinder hatten es kaum gehört, da fragten sie schon, ob sie mitkommen dürften.

Das Eselchen blickte den kleinen Engel an, der kleine Engel das Eselchen. Das Eselchen ließ ein lautes I-A hören, und so kamen die Kinder mit.

Auch zwei Mütter und eine Großmutter, die zufällig in der Nähe standen, schlossen sich ihnen an.

Neben der Dorfkirche war der Bäckerladen, die Bäckersfrau schaute zum Fenster heraus. Wohin sie denn wollten, der kleine Engel, das Eselchen und die Kinder, die Großmutter und die beiden Mütter?

»Wir wollen zum lieben Jesulein in der Krippe, im Stall von Bethlehem.«

Ja so? Die Bäckersfrau hatte es kaum gehört, da fragte sie schon, ob sie mitkommen dürften: sie selber, ihr Mann und der Bäckerjunge?

Das Eselchen blickte den kleinen Engel an, der kleine Engel das Eselchen. Das Eselchen ließ ein lautes I-A hören, und so kamen sie alle mit.

Sie wanderten über das weite Feld, dort trafen sie einen Schäfer mit seinen Hunden und seinen Schafen. Die beiden Hunde umkreisten die Herde, die Schafe und Lämmer drängten sich dicht zusammen. Der Schäfer fragte das Eselchen und den kleinen Engel, wohin sie denn wollten – sie und die Kinder, die beiden Mütter, die Großmutter und die Bäckersleute?

»Wir wollen zum lieben Jesulein in der Krippe, im Stall von Bethlehem.«

Ja so? Der Schäfer hatte es kaum gehört, da fragte er schon, ob er mitkommen dürfe mit seinen Hunden und seiner Herde?

Das Eselchen blickte den kleinen Engel an, der kleine Engel das Eselchen.

Wiederum ließ der kleine Esel ein lautes I-A hören, und so kam auch der Schäfer mitsamt seinen beiden Hunden, den Schafen und Lämmern mit.

Das Eselchen und der Engel zogen mit ihren Begleitern durch eine kleine Stadt.

Ein paar Leute hasteten durch die Straßen: mit Weihnachtsgeschenken beladen, mit einem Christbaum, mit einer Weihnachtsgans unterm Arm. Alle hatten es eilig, niemand achtete auf das Eselchen und den kleinen Engel und all die anderen, die ihnen nachfolgten auf dem Weg nach Bethlehem.

Nur die Würstelfrau in der Würstelbude und der Herr Wachtmeister Dimpfelmoser an der nächsten Ecke bemerkten das Eselchen und den kleinen Engel, die Kinder, die Großmutter und die beiden Mütter, die Bäckersleute, den Schäfer mit seinen Hunden und seiner Herde. Wohin sie denn alle so spät

noch wollten? – »Wir wollen zum lieben Jesulein in der Krippe, im Stall von Bethlehem.«

Ja so? Die Würstelfrau hatte es kaum gehört, da schloss sie auch schon die Würstelbude und fragte, ob sie denn mitkommen dürfte? Dies fragte auch der Herr Wachtmeister Dimpfelmoser, obzwar er ja von der Polizei und im Dienst war.

Das Eselchen ließ ein lautes I-A hören, und so kamen auch sie mit: die Würstelfrau und der Herr Wachtmeister Dimpfelmoser.

Nun durchquerten sie einen verschneiten Wald. Zwischen den Baumstämmen äugte ein Reh hervor, bald war es ein ganzes Rudel. Der Fuchs schlich herzu, zwei Eichhörnchen kamen herbeigehuscht, drei Hasen musterten sie aus großen Augen.

»Wollt ihr mitkommen?«, fragte der kleine Engel. »Wir sind auf dem Weg nach Bethlehem, zu der Krippe im Stall.« – Da kamen sie alle mit, die Rehe, der Fuchs, die Eichhörnchen und die Hasen. Sogar der Herr Oberförster Waldmann, der mit seinem Dackel zufällig des Weges kam, folgte ihnen nach.

Der Himmel hinter den Hügeln war hell geworden vom Licht des Weihnachtssterns. Und mit jedem Schritt wurde das Himmelszelt heller und immer heller. Was für ein Glanz, dem sie da entgegenwanderten!

Über dem Stall von Bethlehem sangen die Engel des Herrn, die großen, die kleinen und die allerkleinsten: »Ehre sei Gott in der Höhe – und Frieden auf Erden allen, die guten Willens sind.«

Das hörte sich an wie Orgelklang und Posaunenschall, wie Flöten, Geigen

und silberne Glöckchen. Den Menschen wurden die Herzen weit, auch den Tieren. Die Hunde des Schäfers, der Fuchs und der Dackel fingen vor lauter Rührung zu heulen an.

Nun standen sie vor der Krippe: die Kinder, die beiden Mütter, die Groß- mutter und die Bäckersleute, der Schäfer mit seiner Herde und seinen Hun- den, die Würstelfrau und der Herr Wachtmeister Dimpfelmoser, die Tiere des Waldes, der Dackel mit dem Herrn Oberförster. Sie hörten die Engel singen und jubilieren, sie sahen das liebe Jesulein in der Krippe – und alle, alle beug- ten in Ehrfurcht das Knie und ließen sich von ihm segnen.

Dicht bei der Muttergottes, neben dem heiligen Josef standen ein fremder Ochs und die Mutter des kleinen Esels, die wärmten gemeinsam das liebe Jesulein in der Krippe mit ihrem Atem – genau so, wie es die Eselsmutter dem Eselchen vor dem Einschlafen immer erzählt hatte.

Da staunte das Eselchen. War sie nicht tausend und tausend Jahre alt, die Geschichte vom Gotteskind in der Krippe, zur Welt gekommen im Stall von Bethlehem?

»Das Wunder von Bethlehem wiederholt sich an jedem Weihnachtsabend«, sagte der kleine Engel. »Du siehst ja, zum Stall von Bethlehem ist es gar nicht weit.«

Dann führte der kleine Engel das Eselchen seiner Mutter zu, die das Christkind mit ihrem Atem wärmte, gemeinsam mit jenem Ochsen. Das Eselchen kuschelte sich ihr zu Füßen ins Stroh – und wenn es nicht eingeschlafen wäre vor Glück, dann wäre es sicher überaus stolz gewesen auf sie.

Sabine Bohlmann

Weihnachten ist überall

Alles begann damit, dass wir an Weihnachten, wie jedes Jahr, zu meiner Oma nach London fliegen wollten. Ich, Frieda, neun Jahre alt, meine Mama und mein Papa und mein Bruder Phil. Phil ist schon 12 Jahre alt und am liebsten spielt er Computer – wie fast alle Jungs in seiner Klasse. Meine Mama sagt, das ist Tradition. Nicht dass Phil Computer spielt, sondern das mit Oma und Weihnachten. Für Mama ist Tradition sehr wichtig. Fast so wichtig wie Weihnachten selbst. Das liebt sie nämlich über alles. Noch mehr liebt sie natürlich Papa und Phil und mich, aber ich glaub, gleich danach kommt Weihnachten.

Jedenfalls sind wir heute Morgen ganz früh schon mit Sack und Pack, wie Papa sagt, mit Kind und Kegel, wie Mama sagt, und mit Keks und Krümel, wie ich sage, losgefahren. Erst mit dem Zug. Die Zugfahrt war schön. Ich hab fast die ganze Zeit aus dem Fenster geguckt. Es hat so viel geschneit, dass die Landschaft aussah, als wäre sie unter Puderzucker versteckt. Ich musste in meinem Kopf immer die Melodie von diesem Aschenbrödelfilm singen, das ist mein Lieblings-Weihnachtsfilm, und oft reite ich durch den Wald und singe dieses Lied. Ich reite natürlich nicht wirklich durch den Wald, sondern in meiner Fantasie. Ich reite sozusagen ohne Pferd und ohne Wald durch den Wald.

Nach vier Stunden waren wir dann am Frankfurter Flughafen. Wir haben das große Gepäck aufgegeben und sind durch die Sicherheitskontrollen gegangen. Papa hat gepiepst und musste sogar seine Schuhe ausziehen – danach hat er immer noch gepiepst. Das war lustig. Aber ich hatte auch ein bisschen Angst, dass er nicht mitfliegen darf, weil er nicht aufgehört hat zu piepsen.

Und dann standen wir am Gate15 C. Und da standen wir auch noch eine Stunde später und noch eine Stunde später.

»Verehrte Fluggäste. Die Abflüge verspäten sich wegen Schneechaos um circa 50 Minuten«, sagte die freundliche Stimme aus dem Lautsprecher. Und dann dasselbe noch mal auf Englisch. Und dann noch mal eine Stunde später und dann zu jeder Stunde wieder. Die Frau klang immer noch freundlich. Aber all die Menschen auf dem Flughafen bekamen immer unfreundlichere Gesichter. Ich drückte meine Nase an die große Scheibe und sah nach draußen. Es wurde langsam schon dunkel. Und es schneite immer noch dicke fette Flocken. Die Schneeräumer auf dem Flughafengelände sahen aus wie große unheimliche Drachen. Mit leuchtenden Augen. Sie schaufelten den Schnee erst von rechts nach links und dann wieder von links nach rechts. Ich hatte schnell das Gefühl, dass sie nicht mehr wussten, wohin mit den ganzen Massen. Schneegebirge entstanden und ich hätte so gern ein Iglu da draußen hineingebaut. Oder einen riesigen Schneemann. Und ganz hinten auf dem Feld standen die Flugzeuge. Sie sahen aus wie Flugdinosaurier, die darauf warteten, in den Himmel zu steigen. Die Flügel hatten sie schon ausgebreitet. Aber fliegen konnte in diesem Schneesturm niemand. Na ja, vielleicht Superman oder das Christkind. Ich glaube noch ein bisschen ans Christkind. Denn wenn man nicht daran glaubt, ist es irgendwie traurig. Und meine Mama sagt, man kann selbst bestimmen, woran man glauben möchte und wie lange. Ich suchte also mit den Augen den Himmel ab und guckte, ob ich im Schneetreiben irgendwo ein kleines Kind mit Flügeln und vielen Geschenken entdecken konnte. Aber nichts.

Im Flughafen merkte man nur an ein paar roten Kugeln, die von der Decke hingen, dass Weihnachten war. Neben mir stand ein kleines asiatisches Mädchen. Sie war so ungefähr in meinem Alter und guckte ebenfalls den Schneeräumerdrachen da draußen zu.

Ich drehte mich um. So viele Menschen. Überall hockten und standen und lümmelten und lagen und saßen sie herum. Eine sehr große Frau mit rotem Mantel ging telefonierend auf und ab. Ein junger Typ saß auf seinem Gitarrenkoffer und biss in ein Sandwich. Er hatte große Kopfhörer auf und wippte zu einer Musik, die nur er hören konnte. Eine Gruppe Engländer stand dicht vor der Anzeigentafel und starrte darauf, als würde das irgendetwas ändern.

Ein Mann mit weißem Bart schnarchte im Sitzen. Er erinnerte irgendwie an den Nikolaus, wenn auch nur vom Hals aufwärts, denn er trug eine schwarze Lederweste und eine Hose aus Leder, er hatte Bikerboots an und an jedem Finger steckten mehrere Ringe. Auch ein paar Tattoos konnte ich entdecken. Auf seinem T-Shirt war ein Motorrad und ein Totenkopf abgebildet, es wölbte sich über seinen dicken Bauch. Mama stand am Schalter der Fluggesellschaft und redete mit der Stewardess. Und Papa las eine Zeitung nach der anderen. Während Phil in sein Smartphone starrte und über sein Spiel vertieft war. Wieder kam eine Durchsage über die Lautsprecher. Wieder war es die freundliche Stimme.

»Achtung, eine Durchsage!«, ertönte es.

Die Jugendlichen nahmen ihre Kopfhörer von den Ohren und das Gemurmel der wartenden Fluggäste verstummte augenblicklich. »Wir bedauern, ihnen mitteilen zu müssen, dass bis auf Weiteres sämtliche Flüge gestrichen sind.«

Die Frauenstimme sagte noch mehr, aber man konnte sie längst nicht mehr verstehen, da ein riesiger Tumult losbrach. Alle Fluggäste schimpften durcheinander. Ich versuchte die Lautsprecherfrau zu verstehen. »... höhere Gewalt ... werden alles versuchen ... morgen früh ab Fünf ... bedauert, dass ... wegen Schneechaos ...«

»Und Omas Weihnachtsgans?«, fragte Mama, die sich gerade auf den leeren Stuhl neben Papa fallen ließ.

»Keine Angst, Schatz, auch wenn wir erst morgen fliegen, schaffen wir es noch!«, sagte Papa und legte beruhigend den Arm um Mama. »Und wir werden noch den Baum schmücken und in die Kirche gehen und ein Weihnachtslied singen und auf das Christkind warten.« Er zwinkerte Phil zu und ich wusste, was dieses Zwinkern bedeuten sollte. Denn Papa hatte irgendwann beschlossen, nicht mehr an das Christkind zu glauben.

Mama zog mich zu sich auf den Schoß. »Dann werde ich mich mal um ein Hotel kümmern!«, sagte Papa, doch da mischte sich der Typ mit dem Bart und den Ringen ein.

»Hotels kannste knicken, sind alle voll. Und wennste morgen früh fliegen willst, kommste dann auch nich rechtzeitig her. Müssta hier bleim.«

Papa nickte nur und sah zu Mama, die ganz große Augen bekam. »Wir können mit den Kindern doch nicht die Nacht im Flughafen verbringen!«

Und Papa zuckte mit den Schultern und antwortete: »Was anderes bleibt uns wohl nicht übrig.«

Die anderen Fluggäste hatten untereinander große Diskussionen angefan-

gen. Das war lustig. Denn bisher hatte jeder nur vor sich hingestarrt und mit seiner Familie oder in ein Telefon gesprochen, doch plötzlich schien es, als würden sich alle kennen und hätten Spaß daran, sich gemeinsam aufzuregen. Wobei sie diesen Spaß nicht zeigten. Die meisten machten böse Gesichter, schüttelten die Köpfe und einige warfen die Arme in die Luft und gestikulierten wild.

Da kitzelte es in meinem Bauch. Und ich merkte, dass ich mich irgendwie darauf freute, die Nacht im Flughafen zu verbringen. Das war wie im Schullandheim zu übernachten, nur besser. Noch aufregender.

»Ich könnte doch in einem Koffer schlafen – das wollte ich schon immer mal machen!«, sagte ich und hüpfte voller Vorfreude auf und ab.

»Ich glaube, dafür bist du schon zu groß!«, lachte Mama und ich erwiderte: »Ich glaube eher, der Koffer ist zu klein!«.

Mama und Papa und sogar Phil lachten. Und da kamen Wägelchen um die Ecke gefahren. Auf ihnen befanden sich zusammengeklappte Betten.

»Feldbetten«, sagte Papa. Was lustig war, denn wir befanden uns ja gar nicht auf einem Feld. Und das Flugpersonal brachte Decken und Kissen und beruhigte die Passagiere, die schließlich alle mithalfen. Schnell waren die Betten aufgestellt und noch schneller waren sie besetzt. Und zwar nicht von uns. Wir waren zu langsam. Phil und ich gingen los und suchten nach einem geeigneten Schlafplatz. Papa und Mama blieben beim Handgepäck.

Ich fand zwei fabelhafte »Betten«. Es waren zwei kurze Förderbänder, auf die man normalerweise Koffer legt, die dann durch eine kleine Röhre fuhren, um durchleuchtet zu werden. Während Phil Mama und Papa Bescheid sagte, besetzte ich unsere Förderbandbetten und testete sie. Es war gar nicht so schlecht und einigermaßen weich. Leider hatten nur zwei Personen Platz. Zwei von uns mussten also auf dem Boden schlafen. Wir machten es uns so gemütlich wie möglich. Und die Nacht im Flughafen am Tag vor Weihnachten konnte kommen. Ich schlief fast gar nicht. Erst hatte ich Angst, ich würde im Schlaf mit dem Förderband in die Röhre befördert und dann durchleuchtet werden. Ich stellte mir vor, die Stewardessen und Stewards würden sich ganz genau ansehen, wie es in mir drin aussieht. Und sie könnten alles sehen, was ich an diesem Tag gegessen hatte.

Und dann war das einfach alles viel zu aufregend. Es roch anders, es klang anders und es fühlte sich überhaupt alles ganz anders an. Ich konnte generell woanders die erste Nacht meistens nicht schlafen und schon gar nicht in einem Flughafen.

Ich setzte mich auf. Mama lag an Papa gekuschelt auf einer Isomatte, die das Flugpersonal noch ausgegeben hatte. Und überall lagen Menschen herum und schliefen. Ein paar Leute hörte ich leise reden. Sonst war alles still. Still und dunkel. Ich sah aus dem Fenster. Immer noch schoben die Schneeräumerdrachen weiße Masse von rechts nach links und links nach rechts.

Plötzlich hörte ich eine leise Stimme.

»... und der Turm war so hoch, dass man seine Spitze nicht sehen konnte. Sie verschwand einfach in den Wolken. Und Kalle fragte sich, wie man da hoch kommen sollte. Denn er wollte die Wolken berühren, das hatte er sich ja vorgenommen ...« Ich ging der Stimme nach und sah die Frau im roten Mantel. Sie saß da mitten auf dem Boden, die Beine im Schneidersitz und um sich herum eine ganze Schar Kinder. Mit vor Spannung weit geöffneten Augen lauschten sie der Geschichte. Und ohne mit dem Erzählen aufzuhören, sah die Frau plötzlich zu mir hoch und winkte mich zu sich heran. Sie zeigte auf einen freien Platz neben einem kleinen Mädchen und lächelte mir zu. Ich setzte mich. Das Mädchen beugte sich zu mir und flüsterte: »Das ist eine Geschichtenerzählerin. Du gibst ihr drei Wörter und dann fängt sie an, die tollsten Geschichten zu erzählen.«

Ich nickte und lauschte gebannt. Es war eine wundervolle Geschichte und als sie zu Ende war, wollten einige Kinder noch eine hören und dann noch eine und noch eine. Das Mädchen neben mir hieß Annelie und sie war ungefähr so alt wie ich. Wenn wir an einigen Stellen laut lachen mussten, weil die Geschichte so lustig war, hielt die Frau den Zeigefinger vor den Mund und sagte: »Psst. Wir wollen die anderen doch nicht wecken.«

Und sie erzählte die Geschichte von einem Schlafenden, der einmal zu früh geweckt wurde. Zu einer Zeit, in der er noch viel zu tief im Traumland war. Und so blieb er mit einem Bein im Traumland stehen und war nur noch halb in der wirklichen Welt. Ich schlief dann auch noch ein wenig ein zwischen all den Kindern und am nächsten Morgen weckte mich Mama.

»Ich hab dich überall gesucht. Wach auf, Frieda, es gibt ein kleines Frühstück und vielleicht können wir gleich in den Flieger einsteigen.«

Das kleine Frühstück wurde vom Bodenpersonal ausgegeben und bestand aus einem Brötchen mit Schinken und Käse, das wie Gummi schmeckte, und aus einem Müsliriegel, der wie ein Flughafenbrötchen mit Schinken und Käse schmeckte. Aber wenn er Hunger hat, frisst der Teufel Fliegen, wie Papa immer sagt, und der Hund trinkt sogar aus einer Pfütze, bevor er verdurstet, wie Mama immer sagt und in der allergrößten Not schmeckt die Wurst auch ohne Brot, wie ich immer gern sage.

Und dann warteten wir wieder. Und wieder folgte jede Stunde eine Durchsage. Neue Passagiere kamen nicht mehr dazu, denn inzwischen hatten die Nachrichten schon berichtet, das der Flugverkehr wegen Schneechaos eingestellt war, und die Menschen blieben lieber zu Hause, um das Weihnachtsfest nicht zu verpassen. Mama saß auf dem Boden vor unseren ausgepolsterten Förderbänderbetten und eine dicke Träne kullerte ihr über die Wange. »Wahrscheinlich müssen wir die nächste Nacht auch noch hier bleiben. Und dann fällt das Weihnachtsfest ins Wasser.« Normalerweise war Mama immer die Starke, aber nicht, wenn es um ihr über alles geliebtes Weihnachtsfest ging. Papa nahm sie in den Arm. »Wir geben noch nicht auf. Und selbst wenn es so ist, Hauptsache, wir sind zusammen. Das ist das Wichtigste.«

Mama lehnte sich an Papa und machte ein Gesicht wie ein kleines Kind.

»Ja, du hast recht!« Und dann schnäuzte sie sich ins Taschentuch und klang dabei wie ein kleiner Elefant und da musste ich ein bisschen lachen. Wir riefen Oma an und gaben Bescheid, damit sie sich keine Sorgen machte und nicht umsonst zum Flughafen in London fuhr, um uns abzuholen.

Dann war Phils Akku leer und er musste sich eine andere Beschäftigung suchen. Er rannte mit mir und einigen anderen Kindern die Laufbänder im Flughafen in die entgegengesetzte Richtung. Wir veranstalteten Kofferkulirennen und wurden von zwei Frauen ermahnt, die meinten, wir würden die Wartenden stören. Aber ich war mir nicht sicher, ob man beim Warten überhaupt gestört werden konnte. Inzwischen war es schon Nachmittag.

Wir machten Anzeigetafelspiele. Phil war der Quizmaster. Er sagte: Welche Stadt hat die meisten Os. Und dann suchten wir die Zielflughäfen auf der Tafel ab. Oslo, Goeteborg, Stockholm, London ... Toronto! Welche Städte haben 6 Buchstaben? Berlin, Bremen, London! Und welche Stadt heißt Madretsma rückwärts? Amsterdam? Richtig. Wir rechneten um die Wette alle Flugnummern zusammen und bildeten Worte aus den Buchstaben auf der Tafel. Dann spielten wir Abfertigungshalle. Dazu waren einige von uns die Stewardessen und die anderen die Passagiere. Die Passagiere wurden durchleuchtet und die Tickets wurden überprüft. Das Personal wünschte einen guten Flug und dann, als alle an Bord waren, flogen wir durch die Wartehalle. Mit ausgebreiteten Armen. Eine alte Frau sah uns dabei zu. Sie lächelte und sagte ganz versonnen: »Ja, ja, Kinder können noch fliegen!« Da nahm sie ein kleiner Junge bei der Hand, zog sie mit sich und rief: »Und du kannst das auch!« So flogen wir Kinder und eine alte Frau kreischend eine Weile durch die Wartehalle. Wir waren inzwischen eine riesige Gruppe von mindestens 30 Kindern. Annelie war auch dabei. Sie erzählte mir, dass auch sie auf den Flug nach London wartet und dass sie dort ihren Opa besuchen würde und auch mit ihm Weihnachten feiern wollte.

»Vielleicht kennen die beiden sich ja!«, überlegte ich, denn meine Oma hatte einen großen Bekanntenkreis.

»Und wenn nicht ... überlegte Annelie, dann können wir sie verkuppeln.«

Wir mussten beide kichern bei diesem Gedanken.

»Und wenn sie dann heiraten, dann sind wir verwandt. Wir sind dann ...« Annelie überlegte.

»Stiefcousinen!«, rief ich schnell und freute mich. So eine Annelie hätte ich gern als Stiefcousine.

Und dann kam wieder eine Durchsage. Es war bereits drei Uhr nachmittags. Weihnachten rückte näher und Mama gab langsam die Hoffnung auf. »Meine Damen und Herren, ich bitte Sie um Ihre Aufmerksamkeit. Soeben haben wir die Nachricht erhalten, dass auch heute bis auf weiteres alle Flüge gestrichen sind. Außerdem sind einige Zielflughäfen ebenfalls wegen Schneetreibens gesperrt. Wir bitten Sie um ihr Verständnis. Wir werden versuchen, Ihnen den Aufenthalt hier so angenehm wie möglich zu machen. In ein paar Minuten reichen wir Ihnen kleine Snacks und auch Getränke stehen Ihnen kostenlos zur Verfügung.«

Das Ende der Durchsage ging in einem Tumult unter. Es wurde geschimpft und diskutiert und gestritten. Ich stand mittendrin und hielt mir die Ohren zu. Wenn man sich in einer streitenden und brüllenden Menge die Ohren zuhält, passieren meistens gleich mehrere wunderbare Dinge. Erstens man kann das Geschrei nicht mehr hören. Also nur noch ein bisschen. Als käme es aus einem Muspott. Zweitens, alles verlangsamt sich, weil man nur noch wahrnimmt, was man sieht. Ich drehte mich langsam im Kreis und sah mir die vielen wütenden Menschen an. Sie waren nicht nur wütend. Auch verzweifelt und traurig. Denn von einigen warteten ja auch die Verwandten in anderen Städten und nun war es fast sicher, dass sie nicht gemeinsam Weihnachten feiern würden. Ja, Weihnachten. Es war Heiligabend. Und alle schrien herum. Jedem war Weihnachten so wichtig und doch dachte in diesem Moment niemand daran, dass an Weihnachten die Stille und der Frieden und das Miteinander am wichtigsten sind. Und das machte mich traurig. Und da passierte noch etwas Wunderbares. Ich hatte eine Idee. Mit zugehaltenen Ohren ging ich wie in Zeitlupe zum Schalter. Ich nahm meinen ganzen Mut zusammen. Ging auf eine Stewardess zu, die sich über das Mikrofon gebeugt hatte und erneut eine Durchsage starten wollte. Ich zeigte auf den Knopf und das

Mikrofon und schrie in ihre Richtung: »Darf ich?« Und in ihrer Verzweiflung nickte sie nur und drehte mir das Mikrofon hin. Ich stellte mich auf die Zehenspitzen, damit ich an den Knopf kam, atmete einmal durch und begann zu singen. Einfach zu singen. Na ja, ganz so einfach war es dann auch nicht. Ich sang zwar richtig gerne, aber normalerweise nicht vor vielen Menschen. Und trotzdem hatte ich das Gefühl, ich musste es tun. Genau in diesem Augenblick. Ich schloss die Augen und stellte mir vor, ganz allein zu sein.

»Stille Nacht, heilige Nacht, alles schläft, einsam wacht ...«, begann ich. Langsam wurde es stiller. Und mit jedem Wort, das ich sang, wurde es noch stiller. Ich machte eine Pause. Nahm die Hände von meinen Ohren und öffnete die Augen einen kleinen Spalt. Ein Mann hob mich von hinten hoch und setzte mich auf den Tresen. Die eben noch schreienden Menschen sahen mich erwartungsvoll an. Die Stewardess nickte mir aufmunternd zu.

»Nur das traute hoch heilige Paar«, sang ich weiter. Und nun stimmten einige mit in den Gesang ein. »Holder Knabe im lockigen Haar« ... und wieder einige mehr. Der Typ mit dem Gitarrenkoffer ließ seine Gitarre erklingen und nun sangen alle. Die ganze Wartehalle. »Schlaf in himmlischer Ruh-hu, schlahaf in himmlischer Ruh.«

Und dann war es wirklich ruhig. Eine himmlische Ruhe. Ich sah in das Gesicht meiner Mama und sagte mehr zu ihr als zu allen anderen, aber immer noch ins Mikrofon: »Und jetzt lasst uns Weihnachten feiern. Denn Weihnachten ist überall!«

Und da fingen plötzlich alle an zu jubeln und zu klatschen. Und dann begannen die Vorbereitungen. Mama, Papa, Phil und ich waren die Hauptorganisatoren. Wobei die meisten Ideen von mir kamen. Ja, ich muss schon sagen, ich war ein kleines Weihnachtswunder. Es wurden mehrere Arbeitskreise gebildet, die für verschiedene Dinge zuständig waren. Wir hatten nicht mehr viel Zeit. Es gab so viel zu organisieren und vorzubereiten. Das konnten wir nur schaffen, wenn alle mithalfen. Und plötzlich war der ganze Wartebereich ein einziges fröhliches Treiben und alles Zetern verwandelte sich in pure Weihnachtshilfsbereitschaft.

Erst einmal kümmerte ich mich um einen Weihnachtsbaum. Doch nachdem mir die kleinen Bäumchen, die hier und da am Flughafen herumstanden, irgendwie zu winzig für die vielen Menschen vorkamen, bauten wir alle zusammen einen einzigartigen Flughafen-Reise-Weihnachtsbaum. Er bestand aus vielen Koffern. Wir schichteten sie so aufeinander, dass unten ganz viele Koffer standen, auf die wie auf einer Pyramide immer weitere aufgetürmt wurden, zur Spitze hin immer schmaler. Leider mussten wir den Baum zweimal wieder zum Teil abbauen, da irgendjemand etwas Wichtiges im Koffer vergessen hatte, und leider waren diese Koffer dann meist ziemlich weit unten. Es war ein bisschen wie bei diesem Spiel, bei dem man Klötze stapelt und stapelt und dann unten wieder welche herauszieht, so lange, bis der Turm umfällt.

Annelie und Phil übernahmen die Durchsagen. Die Stewardess hatte uns das Mikrofon überlassen und wir durften so viele Ansagen machen wie wir wollten. Zwischendurch saß der Typ mit der Gitarre da und sang zur Untermalung Weihnachtslieder ins Mikrofon. »Bitte geben Sie Weihnachtsschmuck oder Dinge, die man als Weihnachtsschmuck verwenden könnte, am Kofferbaum ab ...«, sagte Annelie und sie benutzte dafür so eine richtig echte Stewardessenstimme. Phil, der schon Englisch in der Schule hatte, übersetzte jede Ansage von Annelie und wiederholte alles noch einmal auf Englisch. Denn die Passagiere waren ja aus unterschiedlichen Ländern. Auf die Kanten der Koffer, die den Baum darstellten, stellten wir nun alle möglichen Dinge, die die Leute so bei uns abgaben. Sterne, Nikoläuse, Nußknacker und so weiter. Als die Sache lief, überließ ich die weitere Baumorganisation einem jungen Pärchen und ging zu dem Typen mit der Gitarre.

»Hey, du!«, sagte er und es klang richtig nett, wie er das sagte. »Schön gesungen!«

»Danke!«, sagte ich und fast hätte ich vergessen, was ich ihn fragen wollte. »Kannst du dich vielleicht bei unserem Weihnachtsfest um die Musik kümmern? Vielleicht findest du irgendwo Lautsprecher, damit wir Weihnachtsmusik abspielen können.«

Er sah mich mit großen Augen an. »Ich glaub, ich hab schon eine bessere Idee! Siehst du die Gruppe Jugendlicher da drüben? Das ist ein professioneller Chor. Sie sollten in London in der St. Pauls Cathedral bei der Weihnachtsmesse singen. Vielleicht kann ich sie überreden.«

»Das wäre ja toll!« Ich lächelte glücklich.

»Madame?«, ein junger Mann stupste mich vorsichtig an der Schulter an. »Der Tiisch iist fertisch!« Und er zeigte auf eine lange Tafel, die der Essensarbeitskreis aus allen Feldbetten gebaut hatte. Die Kissen dienten als Stühle und ich hoffte, dass es auch für die älteren Menschen bequem sein würde. Es war eine sehr lange Tafel und sie war bereits mit Pappgeschirr und Servietten gedeckt. Auch für ein bisschen Tischdekoration hatte der Arbeitskreis gesorgt, der Tisch war geschmückt mit Bäumen und Sternen, die aus all den alten herumliegenden Zeitungen gefaltet worden waren.

»Schön sieht das aus!«, flüsterte ich und ich hatte plötzlich ein ganz warmes Gefühl im Bauch. Und da fiel mein Blick auf den Mann mit dem Bart und die Frau mit dem roten Mantel und wieder machte es Klick in meinem Kopf und eine nächste Idee war geboren. Aber die wollte ich noch nicht verraten.

Jeder suchte in seinen Taschen und Rucksäcken nach Essbarem und alles wurde auf die lange Tafel gelegt. Auch vom Imbissmann kam noch eine größere Spende mit belegten Broten, Obst, Getränken und Süßigkeiten.

Ich hüpfte von einem zum anderen und traf letzte Vorbereitungen. Ich redete mit Menschen, die ich noch nie gesehen hatte, und alle waren dabei.

Immer wieder nahm mich jemand in den Arm oder drückte meine Hand und bedankte sich bei mir. Mama und Papa platzten fast vor Stolz. Das konnte ich sehen.

Und dann war alles vorbereitet. Es war bereits dunkel. Die Schneeräumerdrachen hatten aufgegeben, den Schnee von links nach rechts und rechts nach links zu schippen. Wahrscheinlich waren sie nach Hause gegangen zu ihren Familien, um mit ihnen Weihnachten zu feiern. Und nun konnte unser Weihnachtsfest beginnen. Wieder hörte man Annelie und Phil über die Lautsprecher. Sie forderten alle Menschen auf, sich vor dem großen Koffer-Weihnachtsbaum einzufinden. Es dauerte eine ganze Weile, bis sich alle einen Platz gesucht hatten. Aber dann war es endlich so weit.

Jetzt ging das Licht aus. Ein Raunen ging durch die Wartehalle. Und dann erstrahlten die Lichterketten am Kofferweihnachtsbaum. Und der Typ mit der Gitarre trat auf und dann kam der Chor. Es waren nun nicht mehr Jugendliche in Jeans mit Löchern, es war ein richtiger echter Chor. Sie hatten rote Roben an und sangen mehrstimmig. Ein Lied nach dem anderen. Es war wunderschön. Und der Applaus danach wollte gar nicht mehr enden. Und dann kam das Weihnachtsspiel. Einige Kinder hatten die Weihnachtsgeschichte einstudiert. Sie hatten nur zwei Stunden Zeit gehabt, dafür war es richtig gut.

Wir hatten eine türkische Maria, einen asiatischen Joseph und einen englischen Engel, der den deutschen Hirten die frohe Botschaft verkündete. Jeder sprach in seiner Sprache und doch konnte man irgendwie alles verstehen. Und die internationalen Schafe blökten Mäh und Meh und Bebe und mbek und Bee und Bah und Mie. Das klang lustig und das Publikum musste ganz schön lachen. Und dann kamen auf dem Laufband von ferne die drei heiligen Könige. Sie kamen mit Rollkoffern, aus denen sie ihre Gaben holten. Gold, Weihrauch und Myrre. Eigentlich Müsliriegel, Apfel und Limo.

Und das Jesuskind war ein echtes kleines Baby, das die ganze Vorstellung verschlief.

Und dann kam der Höhepunkt. Der Weihnachtsmann. Meine Mama sagt immer, bei uns in Deutschland gibt es nur das Christkind und dann noch den Nikolaus, aber keinen Weihnachtsmann. Aber ich dachte, wenn man internationale Schafe und eine türkische Maria hat, dann kann man auch einen Weihnachtsmann gebrauchen. Die Kinder hielten den Atem an, als er um die Ecke kam. »Ho ho ho!«, rief er. Und zum Glück verbarg der rote Mantel seine Tattoos. Richtig echt sah er aus mit dem weißen Bart und dem dicken Bauch! Die Dame mit ohne rotem Mantel zwinkerte mir zu.

»Ich hab euch auch ein Gedicht mitgebracht«, begann der Weihnachtsmann, obwohl es ja eigentlich eher umgekehrt sein müsste und die Kinder ein Gedicht aufsagen müssten. Er fing an, sein Gedicht aufzusagen und niemand hatte etwas dagegen. Wenn Schafe Mie und mbek sagen, Josef ein Chinese ist und Weihachtsmänner Ringe tragen, dann darf der Weihnachtmann auch ein Gedicht aufsagen.

Von drauß vom Flughafen komm ich her,
ich muss euch sagen, es schneit ganz schön schwer.
Allüberall in allen kleinen Ritzen
Sah ich wartende Reisende sitzen
Und wie ich so strolcht durch den finsteren Tann
Da rief's mich mit heller Stimme an:
Weihnachtsmann oh Weihnachtsmann,
komm doch zu unserer Koffertann.
Und ich machte halt an diesem Ort
Und ich muss euch sagen, in diesen Tagen,
sah ich noch nirgendwo so ein Feste
mit so vielen bunten und fröhlichen Gästen.
Von drauß' vom Flughafen komm ich her,
und ich muss euch sagen, hier weihnachtet es schwer.

Und da wurde es wieder dunkel und nur die Leuchtbuchstaben auf der großen Anzeigetafel gingen an. Doch statt der Zielflughäfen und Abflugdaten stand da ungefähr fünfzig mal: Frohe Weihnachten! In allen möglichen Sprachen. (Merry Christmas! Vrolijk Kerstfeest, Selamat Hari Natal, Buon Natale, Shinnen omedeto, Gute Vaynakhtn, Bon nadal, Linksmu Kaledu, Nollaig chridheil, God Jul, Feliz Navidad, Joyeux Noël)

Die Menschen in der Wartehalle jubelten, dann nahm jeder jeden bei der Hand und wir wünschten uns ein Frohes Weihnachtsfest.

Es gab Essen und eine klitzekleine Bescherung vor unserem Förderband. Da hatte das Christkind zwei Päckchen abgestellt. Auf dem einen stand Frieda, auf dem anderen Phil.

Es war das schönste Weihnachtsfest in meinem ganzen Leben. Und auch wenn meine Oma nicht dabei war, war ich nicht traurig, denn ich wusste, wir würden, sobald wir in London wären, nachfeiern. Und nachfeiern war mindestens noch mal so gut. Am nächsten Tag hatten die Schneestürme nachgelassen und die Menschen sortierten sich in der Wartehalle wieder nach ihren Gates. Das Flugzeug am Gate 15 C nach London war zum Einsteigen bereit. Wir nahmen hundemüde unsere Sitze ein. Die Stimme des Piloten ertönte über die Sprechanlage.

»Meine Damen und Herren, ich entschuldige mich noch einmal im Namen der Fluggesellschaft und des Flughafens Frankfurt für die Unannehmlichkeiten. Ich wünsche Ihnen trotzdem noch schöne Weihnachtsfeiertage und denken Sie dran: Weihnachten ist überall!«

Quellenverzeichnis

Sabine Bohlmann, Weihnachten ist überall © Sabine Bohlmann

Michael Ende, Weihnachtswünsche. Aus: Michael Ende, *Das Schnurpsenbuch*, Thienemann in der Thienemann-Esslinger Verlag GmbH, Stuttgart 2016 (Erstausgabe: 1979)

Astrid Frank, Das Weihnachtswunder © Astrid Frank

Joachim Friedrich, Das Ferkelchen von Bethlehem. © Joachim Friedrich

Hanna Jansen, Weihnachtsengel in Not © Hanna Jansen

Ulrike Kuckero, Die Überraschung © Ulrike Kuckero

Oliver Pötzsch, Niklas und die Staub-Schlamuffels © Oliver Pötzsch

Otfried Preußler, Das Eselchen und der kleine Engel. Aus: Otfried Preußler, *Das Eselchen und der kleine Engel*, Thienemann Verlag, 5. Aufl., Stuttgart 2000 (Erstausgabe: 1993)

Oliver Scherz, Warum tut der Nikolaus so heimlich? © Oliver Scherz

Edith Schreiber-Wicke, Happy End im Advent © Edith Schreiber-Wicke